如何成为有效

学习的

高手

HOW TO BECOME A
STRAIGHT-A STUDENT

[美]

卡尔·纽波特

Cal Newport

著

中国青年出版社

CHINA YOUTH PRESS

图书在版编目（CIP）数据

如何成为有效学习的高手/（美）卡尔·纽波特著；林虹，方雅婕译.
—3版.—北京：中国青年出版社，2018.2
书名原文：How to Become a Straight-A Student
ISBN 978-7-5153-4959-6

Ⅰ.①如… Ⅱ.①卡… ②林… ③方… Ⅲ.①学习方法 Ⅳ.①G791

中国版本图书馆CIP数据核字（2017）第261386号

How to Become a Straight-A Student
Copyright © 2007 by Cal C. Newport
Chinese translation Copyright © 2006 by China Youth Press
This edition arranged with DeFiore and Company Author Services LLC.
through Andrew Numberg Associates International Limited

如何成为有效学习的高手

作　　者：（美）卡尔·纽波特
译　　者：林　虹　方雅婕
责任编辑：肖妩嫔
美术编辑：李　甦
出　　版：中国青年出版社
发　　行：北京中青文文化传媒有限公司
电　　话：010-65511272/65516873
公司网址：www.cyb.com.cn
购书网址：zqwts.tmall.com
印　　刷：大厂回族自治县益利印刷有限公司
版　　次：2018年2月第3版
印　　次：2022年9月第4次印刷
开　　本：787×1092　1/16
字　　数：130千字
印　　张：11.5
京权图字：01-2007-0194
书　　号：ISBN 978-7-5153-4959-6
定　　价：39.00元

*To*_____

我知道成为学习高手一直是你的梦想，希望这本书能让你梦想成真！

*From*_____

CONTENTS
目　录

前 言

FOREWORD

用更少的时间获得更高的学习成效

朋友们总是奇怪为什么我从不呆在图书馆，而总是泡在学生中心搞社交，搞派对，或参加大型活动。他们说我"看起来好轻松"。

——安娜

这不是普通的学习指导手册，与同类图书不同，书中的任何建议皆非出自教师或自诩为学习技能专家的那些人之手。我敢保证在本书中你绝不会发现"康奈尔笔记法"（由康奈尔大学发展出来的一种笔记记录方法——编注），也不会有什么思维路线图，或是其他从办公室或实验室出炉的"最佳学习方法"，这些离我们学生的现实生活实在是太远了。

本书所用的建议都是从我对一大批成绩优异的学习高手的访谈

中提炼而来。这些被采访者主要是从美国优秀生联谊会名录上抽选的，他们皆来自于美国知名大学和学院，其中包括哈佛、普林斯顿、耶鲁、达特茅斯、布朗、哥伦比亚、杜克、马萨诸塞州大学阿姆赫斯特分校、斯基德莫尔学院。他们从小学、中学一步步走进梦寐以求的大学。每次采访，他们总是和我谈到，在大学之前的学习经历虽然漫长，但是快乐。为了寻求这快乐的根源，我都会要求他们细致描述使他们能够快乐的学习习惯。问题从笼统到具体，如：你是如何克服拖沓的冲动的？你用什么技巧或方法来成功应对小测验和考试？如果问卷显示这一学生取得高分只是依赖于用功打磨，付出成倍时间，我就会扔掉问卷。唯一让我感兴趣的是那些能通过巧妙而有效的学习技巧提高分数的学生，而不是那些拉长时间，痛苦啃书本的学生。

我怎么会知道有这种学生呢？因为我就是其中之一。我以前根本不懂如何应付考试，同大多数学生一样，我也认为，学习就是多看课堂笔记和作业。但是，这种简单粗劣的学习方法最终只会延长学习时间，这经常会让人痛苦不堪。尽管如此，大多数学生仍然倚仗着这种方法。最终，他们发现自己已成为通宵熬夜的常客，并因此对这些课程产生了抵触情绪。苦下功夫而收效甚微，于是大家普遍认为，得高分，要么是天才，要么就得拼命用功。

我开始时，也抱有这种想法，但很快我发现这种死用功的方法靠不住。没用多久我便相信，会有更好的学习方法让结果大相径庭，如：我熬一整夜打造出来的文章只得了B-，而慌慌张张，最后一刻临阵磨枪，测验结果竟会是A。经常感觉被阅读任务拖着走，并且总是有新的阅读任务、新的最后期限在前面等着我，无奈，只得加快速度，跌跌撞撞，赶在最后期限前完成。简直是一团糟。可我环顾四周，所有的朋友都有相同的经历，而且似乎没人再想去质疑这种状态。我可坐不住。对于不得不延长学习时间，痛苦用功，最后只得平均稍上的成绩，我不满意。我想出类拔萃，而且希望不必牺牲睡觉和社交时间就能达到我的目标。对于很多学生来说，这样的目标简直是遥不可及，毫无希望。我天性乐观，也看到了目前的学习技巧令人遗憾的状况，我坚信我能做得更好。

我用了整整一年的时间反复试验，力图建立一套行之有效的学习习惯。我认为，一旦这些学习习惯完善起来，便会影响深远。在接下来的几年中，我的功课只有1门得了A-，其他35门都完完全全得了A，而且最令人惊讶的是花在学习上的时间大大减少了，这是因为学习策略改善了，所需要的学习时间就相应减少了。这样到最后，在准备期末考试的那些日子，我有时都得假装要去图书馆，这是因为我的同学又要准备熬夜复习了，我不想打击他们。

我的秘诀是什么？效率。事实很简单，大多数学生不动脑筋，用蛮劲，学习方法毫无效率。考试来临时，便被动复习。没有适当的准备就去接受学习任务，只能费力劳神，毫无结果。不用多久，你会发现就连组织一些通顺的句子都变得耗费时间，困难重重。相比而言，我想出的办法简单高效，可以比我的同学花更少的时间读更多的材料。改掉了傻习惯，不再白花力气，备考便从烦心杂事变成了目标明确的行动。

有一段时间，我甚至确信，发现巧妙学习方法的不会有第二个人。但是，哎，这种假设很快破灭了。事情发生在一年冬天，当时，我和其他30位同学去参加为我们加入全美优秀生联谊会而举行的庆祝仪式。可以说，这些同学在我们班平均成绩最好。因此，我想，我整晚都要和一群书呆子呆在一起了。然而，结果大大出乎我的意料。

那天晚上，一踏进会议大厅的大门，我便怔住了，好多都是我社交时认识的同学。这些人在校园里频繁露面，我都从来没想到他们会是分数顶尖的学习高手。他们中间有杂志编辑，互助会成员，坚定的环境保护者。我是通过派对、校园俱乐部，以及我们各自的朋友互相认识的。他们大部分人身心健康，兴趣广泛，幽默动人，绝不像人们想象的那样，成绩斐然，占据精英阶层的都是超级书呆子。那晚给我的震撼太大了：事实上，也许我根本不像自己想象的那样与众不同，也许其他人也发现了同样的秘诀，取得了学业成功。

好奇心驱使着我要去探个究竟，为什么这些表面普通的学生会如此优秀，我给联谊会的所有伙伴发了调查表，要研究一下他们的学习习惯。大多数人很愿意分享他们的学习方法。很快，我就证实了我的推测。很多人不仅使用自我独创的学习策略，而且和我前几年不断完善的方法惊人的相似。

看过最初的调查反馈之后，我知道我被一个大工程吸引住了。在大多数学生辛苦啃书本的时候，却不知身边还存在着一个精英群，他们可以用更少的时间获得更高的成效。我想和这些啃书本的学生分享这些秘诀，于是这本书就应运而生了。很快我又把更多的问卷寄给全国各地更多的学习高手，他们来自不同背景，不同专业，这样我收集到了足够的反馈，我把这些意见进行了仔细的整理，使它们更好地呈现在本书中。

在接下来的章节中，你会看到那些令人吃惊的学习策略，本书提供了一些例子，以帮助你了解如何在不同情况下应用这些建议。

你会学到：

- 如何管理时间？

- 如何克服拖延？

- 如何让学习效果事半功倍？

- 如何整理学习资源？

- 如何有效记忆？

- 如何及时解决问题？

- 如何高效写作？

记住，这些建议来自于真实的学生，而且是在现实课堂中通过反复试验之后，精雕细凿出来的。这一点非常重要，是区别于其他同类学习指导手册的重要标志。

例如，有学者建议学生们每天早晨7点起床，晚上11点睡觉。许多天的日程设置中只有1个小时的娱乐时间，其他时间全部贡献给了上课、吃饭和学习。给人的感觉是这些所谓的"专家"就没有跟学生交流过。

另一位学习专家的建议同样不切实际。这些建议是用来帮你记忆阅读材料中的观点的，如："把观点放入图片或招贴画中，用色彩强调"；"自己把材料表演出来，或在自己屋里玩段开心的角色扮演游戏"；"把材料创作成歌曲，来段说唱音乐"等等。

这些例子强调了一个简单的事实，那就是在大多数现有的学习指南中，那些建议虽由"专家"所写，但经常是不切实际的，是耗费时间的。《如何成为有效学习的高手》从这种意义上来说，是一本真正基于学生的经历和经验而写的学习指南用书。在接下来的章节中，你会发现独创的策略，所有策略完全与每日学生生活的需求相适应。这些策略也许不会像"专家"设计的复杂方法那么细致，但却很容易实施完成，也很有效。最棒的是，这些策略一经实施，便立显成效。

记住：如果你发现哪条建议不适合你，这很正常。事实上，你应该预料到这一点。在本书中，我所采访的每一个学生都有自己的独门诀窍。你可以跟着这些建议来，卡住了，就重新试验，用更好的方法取代不适合你的方法。如果新的方法可行，坚持下去；如果还是行不通，就用其他方法代替。要想提高成绩而又不做书呆子，必须着眼于大局，首先培养起拒绝机械重复的复习习惯，然后开始灵活寻找最合适自己的一系列策略。

最重要的是，要记住，学校可以给我们多重经历，分数只是其中之一。我希望这本书会帮助你毫无痛苦地征服这一经历，这样，你就可以有更多的时间和精力探索所有其他的经历——结交朋友，追求理想。所有这些会让你的学校生活变得充实丰富。

PART

1

学习的技巧

干就要干得成功漂亮，不然就回家呆着。这是很严肃的事。

用功的时候狠命干，你就会有大量时间尽情地玩。

——莉迪亚

　　我经常听到学生抱怨，他们从来都是时间不够用，做不完作业。他们为花费了那么多时间来学习而愤愤不平。一连几个晚上在图书馆复习，但无论他们多努力，总会有别的事在等着。正像学习高手马休所说，学生很容易就会"陷入无休止的追赶状态"。可以理解，学生经常感觉自己已经忙到极限了，他们认为，只有放弃睡眠和所有社交，否则，他们根本没有足够的时间完成作业。

　　我们先搞清楚一件事：上面这种想法是错误的。这儿的问题并不在于可使用的时间总量，而是怎样使用每个小时。我是通过自己的亲身经历懂得这一点的。为写这本书，我进行了大量调查研究，在此过程中，我和全国各地一部分最富成就的学生相处过一段时间，我可以让你确信，无论你认为自己有多努力，来自希腊罗德斯岛的一位学生都会让你逊色很多。在同样多的时间里，他塞进去的活动和工作量相当于你所能做的3倍，但他仍设法搞派对，这是你所无法想象，也不敢去做的。我不是让每个人都像这个学生一样强（虽然尝试一下也很有意思），我想说的是学习、休息、社交的量再大，也完全可以压缩到每天12个小时以内。缺少时间并不足以解释为什么那么多学生总是感到束手无策。

人类更善于完成短期任务，如"狮子来了，赶快逃啊"或者"吃东西吧"。因此，周日一大早去图书馆，目标是完成作业，这样，大脑肯定不高兴。连续8个小时困在阅览室确实让人乏味。而且，人很难长时间集中注意力，因此很快就会感到疲倦，开始分散注意力，周围的事物就愈发具有吸引力。等回过神来，一天已过去了，你才意识到根本就没做多少事。第二天，你会发现，周日的作业还没完成，新的作业又堆了上来。于是，漫长乏味的过程便如此循环往复起来了。

学习高手詹森使用**"假用功"**这个词来描述这种常见的学习方法。假用功者看上去好像学习很刻苦，他们会花大段时间泡在图书馆，而且不怕熬夜，但是因为注意力不集中，并不会真正干成什么。这种坏习惯几乎是所有学生的通病。比如说，在学校，图书馆有一个区24小时开放，在那里，我常见到一些学生聚在一起，喝着咖啡，动情地谈着他们的学习有多苦。这无疑是在假用功。舍友也在假用功，他坐在沙发上边看电视边翻着化学笔记。而那种把一日三餐，铺盖卷，以及六罐红牛拿到学习室的家伙，是准备要在那儿打持久战了。这也是假用功。把自己置于充满了各种诱惑的环境中，一味地拉长时间持续作战，脑力严重受损，这样便无法清楚有效地进行思维，手头的作业自然也完不成。结果便是疲劳性头疼，而且成绩平平。

更严重的问题是大多数学生根本没意识到他们是在假用功。对于他们来说，假用功也是用功，他们一直都在这么做，朋友们也是这么做的。他们脑子里从来就没想过还会有更好的办法。然而，那些学习高手对假用功却知之甚多。他们畏惧假用功，而且理由充分。假用功不仅浪费时间，而且会让思维枯竭。如果总是这样长期痛苦地耗费课余时间做无用功，是绝对不可能做到学业成功的。我所采访的那些学生一遍遍地强调躲开这一陷阱的重要性。事实上，我问他们，要成为不死用功的学习高手，哪个技巧最重要？大多数人都认为是耗费最少精力迅速完成功课的能力。

那么这些学生是如何实现这一目标的呢？大部分人认为，解决方案就是安排好时间。他们通过集中精力，把功课压缩在更短的时间内，从而获得更高的学习效率。为了更好地理解这一方法的效力，想一想下面这一简单的公式：

完成的功课 = 所费时间 × 注意力强度

假用功的特点就是注意力程度太低，因此，通过假用功完成一件事，得花很多时间。相比而言，学习高手的方法是加强注意力从而减少时间消耗。比如：我们把注意力强度分成1到10十个等级（其中10级注意力等级最强）。如果用假用功的方法注意力强度等级是3，完成备考的复习任务需10个小时，那么根据公式，等量的复习任务若用10级的注意力强度，只需3个小时。这样，花整个周日才能完成的作业，只需早餐、午餐和晚餐之后各1个小时就可以轻松搞定，其他时间就可以完全放松休息了。

把这一公式装在脑子里，你就会理解为什么学习高手比同班同学少用功：他们是把强度低时间长的学习方法用高强度短时间的方法代替了。当然这并不是成功背后的全部秘诀。事实上学习高手在短时间里集中精力做了些什么以及他们是怎样做的也同样至关重要。学习技巧像时间安排一样重要。本书第二部分（如何应对测验和考试）和第三部分（如何成功上大学）将集中讲述技巧方面的细节问题。但学会如何高效执行既定日程安排，从学习经历中永远消灭假用功，是学习发展中至关重要的第一步。

　　然而要完成这项变革，你需要能掌控自己的生活方式，这绝不是一个小任务。比如说，你需要分散高强度的工作时间段，好让自己中间有时间休息恢复体力。这需要基本的时间安排技巧。你也要想法克服拖沓的冲动，否则若不按规定的进程学习，日程安排便毫无意义。这需要自我激励。最后一点，要达到最大可能的强度值，还需要选择合适的地点、时间以及时间段长短。如果你对这三个方面的选择没做仔细考虑，就会无形中降低注意力强度。这需要良好的计划策略。

　　第一部分将教你如何满足以上要求。开始先介绍一种简单的时间安排方法，这种方法适用于忙碌的学生生活。别害怕，这一方法绝对是轻量级的，只需要一天5分钟进行计划。这一部分还将用实战测试的方法来帮助你与拖沓作斗争。这一方法直接来自于学生的经验，事实证明，尽管学习生活无条理，易分神，但这种方法的功效令人惊讶，而且简单易使用。这一部分结尾会讨论在什么时段，在什么地点，学习多久会最大限度实现高效率的学习。被采访的学生经过广泛试验找到了这些问题的答案。

　　总之，这些基础技巧是本书所有建议的基石。没有这些基础，你不可能掌握后面章节讲述的具体学习技巧。掌握这些基础，你生活的每一方面都能得到提高，而不仅仅提高你的分数。而且你还会有更多的时间想睡就睡，你也可以尽情派对，把更多的精力投入到课外兴趣的发展上。所以，放松！你马上就要开始第一步，这一步将带你走向更加快乐，且收获丰厚的学习生活。

第一步

管理你的时间：5分钟清单法

　　真正的学习高手像大多数善于思考的学生一样讨厌安排时间。毕竟，大家都认为学校就是培养学生的学习好奇心，就是交新朋友，是进行各种学生活动的场所。但同时，你不可能完全不理会日程表。正像在本书中所提及的，本书所讲述的技巧之一就是需要你有安排时间的能力。忽略了这一点，你注定在学校的漫长时间里要与作业玩追赶游戏。像学习高手多利斯所说："时间安排至关重要，这是你在学习过程中绝对不可缺少的一种技能。"

　　然而，大多数学生误解了安排时间的目的所在。他们误认为这一技能只是用来把功课尽可能多地填满每一天，但这不是时间安排背后的主要动机。事实是，做个小小的计划可以大大降低你每天的压力指数。最后期限和作业约束总在脑子里游荡，这是很累人的。你会因此无法完全放松，时间久了就会走向崩溃。但是一旦你规划好了什么时间需要做什么，这就如同重担从肩上卸下了一样。那种不确定的感觉消失了：用功时你可以全身心地专注于你眼前的作业；而放松时尽情享受，绝无后顾之忧。"我觉得没必要放弃所有的事情，"学习高手詹娜说，"社交生活、课外活动、学业成功都无须放掉。"对时间做一下基本的安排，你就可以平衡所有这一切。这就像先前多利斯所说的，为什么时间安排能保证你在学习生活中的各个方面都能充分发挥你的潜力。

"第一步"的目标是提出一个时间安排方法来帮助你实现无压平衡，同时又无须牺牲学校所特有的那种即兴和激昂的气氛。我们所提出的这一方法，其特殊之处在于，它是根据普通学生的学习生活方式具体设计的，符合下列标准：

- 在24小时的时段里，只需5～10分钟。
- 每天的日程安排不必非得精确到每分钟，而且日程安排不是不可更改的。
- 在最后时刻来临之前，帮你记忆、规划以及完善重要任务。
- 停用之后仍可以马上重新开始。

我们会用几个简单步骤来概括这一方法的细节，然后以一个详细的个案分析作为总结，你可以从中看到在现实情境中这一方法是如何发挥作用的。

所需物品

这一方法需要两件东西：

> ● 日历：哪种日历无关紧要，不一定非要你可以随身携带的那种。可以是微软或其他电脑软件中的日历，可以是一个便宜的每日计划表，或是为做产品介绍而发的广告性日历。只要每天早晨能做一下参考，且有足够空间记下每天的十几条事项就可以。
>
> ● 一份单子：这是你可以每天更新的书面材料。这份材料需要你每天带在身上，所以简单为好，像每天早上可以从笔记本上撕下的一张纸之类的。

基本方法

把每天要做的所有事情及其截止时间写在日历上。这是你的总日程表，上面储存着你要做的每一件事情。我们这个方法的关键是每24小时你只需使用日历1次。每天早晨，看一下日历然后计划今天你该完成什么。之后的一整天里，无论什么时候遇到新情况，简单记在单子上就行了。第二天早晨，你可以把这件新任务从单子上搬到日历上，因为这比单子保存起来更安全。现在我们再从头说起。

就这样，很简单，对吧？整个方法可以总结为简单的三步：

- 在单子上简单记下这一天的新任务和作业。
- 第二天早晨，把新事项从单子上转到日历上。
- 用几分钟给新一天做个计划。

现在，我们将对这几个步骤进行细致分析。我们尤其需要一些应对策略，如：如何在早晨使用日历计划每天的事宜？如果发生了意料不到的事情，干扰了甚至打乱了计划该怎么办？

每天早上更新日程

奇迹从此处开始。每天早上，用几分钟更新日程安排，搞清楚你应完成什么。整个一天里，这是唯一一次对时间安排进行认真思考，因此要求也十分明确。更新过程应按下列程序来做：

找到前一天的单子。你可以看表1中的例子。对于单子的格式不必太过费心，我们将简短地做一下讨论。现在，注意看一下"备忘事项"这一栏，其中包括整个一天里记下来的要做的新事情以及截止时间。

表1：样单	
星期二　2006年1月24日	
今日时间表	备忘事项
8：00~12：00上课	劳动课学习小组，周四晚9点
12：00~13：00与罗博共进午餐	英语测验挪至周五
13：00~13：45历史课阅读作业	洗衣服
14：00~17：30上课	开始搜索夏天的实习机会
17：30~18：30开始写历史课作业	

把新列事项加到日历上。把截止时间写在相应日期上，在你计划完成某一事项的日期上写下要做的事情。跟随我们样单中的例子，首先在周四的日期上写下劳动课学习小组的时间。在周五的日期上写下英语测验。然后选择一天洗衣服，在相应日期上记下备忘；再选择一个时间开始实习信息搜索，在此日期上记下来。你可以在日历上随意变更时间安排。不必太担心新事项选定在哪天，不过要用常识进行判断。比如，周三下午和晚上排满了上课和会面，可能不太适合洗衣服。同样，周一上午如果有大考，周日就别安排太多事情，需要做的就是集中精力学习。如果有些事情对时间要求不是很紧，如表中实习信息搜索的例子，不要怕把它安排再往后些，多拖一段时间，到不太忙时再做，比如学期中间，或新学期开始时。

下一步，把安排在昨天做的，但没完成的事情转到日历上，重新安排时间。表1的样单中，"今日时间表"一栏记录的是前一天的计划。你可以看到，在列表中，所有需做事项都已完成，除了"开始写历史课作业"这一项，所以需要把这一项移到新日程中。

到此为止，日历又一次把你所需做的事项全部记录在案，现在该做出今天的计划了。把昨天的列表单丢入垃圾箱，它的使命已完成。重新撕一张纸做今天的计划列表。像表1一样分成两栏，分别标注"今日时间表"和"备忘事项"。

之后，看一下今天日历上的条目。有可能包括会面以及需做事项。你的目标是算一下多长时间有把握做完这些事。你也许会把这些任务简单复制到今天的"今日时间表"一栏中，然后就直接照章办事了。不要这么做！如果你不想让功课整垮，就必须巧用时间。

你应该做的是：对于一天中要做的每一件事，都进行时间标记，把计划完成的时间段标在上面。实际一点。如果知道下午5点有会面，不要计划从3点开始，学3个小时。要合理安排每件事需用多久完成，不要计划1小时看完200页。简化一下，把好多小任务（10分钟以内就能做完的杂事）归为一组，形成大块（如：12：00~12：30寄信，去图书馆还书，买作业本）。留出足够时间休息。给自己留1个小时吃饭，而不是只留20分钟。如果可能，在适当时间结束一天的工作。不要试图把时间填得满满的，直到休息时间才肯罢休，你需要放松。

记住，这儿的目标是不要不惜一切代价把所有的事都挤进一天里，而是要看这一天所列的许多事项有多少是你真正有时间能完成的。如果你不能把所有要做的事安排进这一天，没问题！就把剩下的事项挪回日历条目中，重新计划日期，以后再做。

最后一步，把当天有时间做的任务记录在"今日时间表"一栏里。如表1所示，给每项任务标注时间。就这样。你可以一整天都参照这份列表，它可以提醒你何时做什么。

但是，重要的一点是：日程表上的具体时间并不是死的，所有时间只不过就是一种建议。就像我们简短讨论的那样，我们整个一天都可以自由变更任务，这取决于你的精力能否承受得了，以及有没有意外事情突然出现。把需做事项分进不同时间块，主要是帮你避免过高估计自己的空闲时间，这是学生普遍容易犯的错误。有些学生用意很好，用一份简单的事项列表记录每天的任务。但没有时间标记，你根本不知道需要多长时间完成各项任务，这样计划不切实际。一天24小时看上去很多，但把吃饭、上课、讨论、休息、社交都考虑在内，日程骤然变得紧了许多。道理很简单：如果过高估计空余时间，你就有可能拖延要做的事情，很晚才会做。开夜车，惶恐发作，成绩差就这么出现了。对于学生来说，时间的长短并不一定是取得成功的最重要因素。给需做事项标注时间，一两周之后，这就会成为一种至关重要的习惯。

每天使用此列表

每天参照使用这一简单的时间表，记录在"今日时间表"一栏下的各个事项会提醒你该做什么。记住学生的生活方式总的来说是很不确定的，是很难提前计划的。很多事情不到最后一刻不会出现，而且往往要比预想的花的时间要长。因此只要你需要，随时调整时间表。但是不要把任务拖得太久！早上列的任务清单所包括的事项应合理，以使日程表不要太离谱，太出乎意料。这样，如果完不成所有的任务，至少能完成大部分。总之，7天中至少有5天能完成列表中的大部分任务，那么，你就像任何学生所希望的那样能卓有成效地进行学习了；如果你还做不到那种程度，别着急，接下来，我们会教你如何与拖沓的冲动作斗争。

记住，你每天的清单也可以用于另外一种目的。整个一天里，你极有可能会遇到各种新任务和新的截止日期，这些都需要你做时间安排。比如，有老师会宣布有个考试会在哪天进行或是有朋友会通知你学习小组会在哪天哪个时间碰头。关键是尽快把这些事情从你脑子里赶走，好让思维不混乱。迅速把事项填在清单"备忘事项"一栏中，然后把这些事项从脑子里忘掉。真正计划这些任务要等到第二天早上，现在你只需做的就是在纸上用几个字记下这些任务。

记住，需做事项和截止日期总存在脑子里会消耗精力，分散注意力，制造压力，而且还很容易忘掉。**做事时，就应精神集中，放松时，**

就应尽情享受。但如果脑子里总有重要的事记挂着,你就很难百分之百把精力投入到任何事情上。

很少有学生会有精力在当天就对每件新任务做时间安排。你完全可以想一下:一个下午,上了很长时间的课,你饿了,终于快要结束了,你正准备离开,这时候老师突然大声发布一个通知:下周要交一篇文章,题目是……这时候恐怕你已无力停下来,拿出日历,想想写这篇文章需哪些步骤,并计划每一步应在什么时候完成。如果你还能这样做,那就太棒了,因为这样你就能确信这一任务已安全地记录在日历上了,并且可以把这件任务以及它的最后期限从脑子里赶走了,但这种情况很不现实。这也违反了我们最初的原则,那就是任何时间安排方法只需每天花几分钟。

清单上"备忘事项"一栏的威力就显示出来了。你不可能指望自己在繁忙的一天仍然可以随时认真考虑时间安排。但是,从口袋里拿出一张纸迅速记下"语文课作文",不需太多精力,无须思考,也几乎不需要什么时间。你不必认真考虑什么时候开始写这篇作文,需要什么步骤,要用多少天。你需要做的只是简单写下几个字。

重要的是这个清单你要确保能很好地保存下来,你要有把握明天早上你在做一天的时间安排时,会看到这一项,并且会在日历上记录下相应的步骤。由于你有清单,交作文的规定日期就不会丢,时间也会就此安排。

可随时重新启用

直到今天为止,我连续使用这一时间安排的方法从没有超过两个月,总是要受到打扰而被迫中断。我设法坚持,但还是无法避免会碰到困难时期。经常是过几天就会紧接着有一段非常忙碌的时期，前一件事情强度太大，已让我筋疲力尽，在那种状况下，每每提及"需做事项"，我都会一身冷汗。这种事情会发生在每个人身上，也会定期发生在你身上。遇到这种情况别害怕；不要让这些影响你，不要认为自己是个失败者。这很正常。

关键一点是这些间隔只是暂时的。发誓不再用日历，但几天之后，我总会发现由于任务越来越多且总在脑子里自由出没，自己变得越来越不舒服。不知不觉，我又回到了原来的老习惯，重新使用这一时间安排方法了，这样做之后，我就不再那么疲惫了。你也会这样。一旦你已体会到了有组织有条理的时间安排的强大力量，一段时间失掉它后，你就会感觉到举步维艰。

好处是，本书中所讲的这一方法在搁置一段时间之后仍然适用。如果跳过几天没用，所需做的也只是重新开始，把在脑子里乱飞的所有需做事项和截止日期都扔到一张纸上，然后重新挪回日历上。

个案分析

斯岱芬的星期一

再简单的方法第一次讲时，也会让人感到困惑，所以让我们来看个例子，向你演示一下如何实际使用这一方法。如果你已进入中学，那么下文的故事你会很熟悉；如果你还没进入中学学习，不要惊慌。是啊，在图表中，斯岱芬确有很多事要做，但是，注意，他是如何使用我们的方法来管理他那许多的任务的。虽然他一天内未能完成所有的事情，他仍充满信心会在规定的时间如期完成所有需做事项。在看这个例子时，想象一下如果斯岱芬没有每天的清单和日历来指挥他的行动，帮他管理总是不断跳出的新任务和最后期限，他的压力会有多大，效率会有多低。

周一上午

斯岱芬早上起床晚了，快迟到了，这太恐怖了。他从书桌上抓过日历来，在包里翻找着那张纸，也就是昨天用过的那张事项清单。他还有几分钟就要上课了。不过还好，我们的方法几乎不需什么时间。

表2显示的是斯岱芬找出的记录在日历上的今日需做事项。

表2：斯岱芬周一的日历条目
周一　2005年3月11日
完成周二历史课的阅读作业

父亲的生日礼物

历史课作业写作第一步：找书、复印相关章节

手机交费

还马克唱片

数学课习题集前半部分（周三交）

语文课作文选题（明天交）

语文课本读5课（为周五测验做准备）

和老朋友吃饭——晚7点——摩利家

构想拙劣的宽袍派对——晚10点——阿尔法·齐家

　　表3显示的是斯岱芬在昨天列表中发现的事项"确定吉他练习日程表"。

表3：周日斯岱芬的列表	
周日　2005年3月10日	
今日时间表	备忘事项
~~13：00~15：00读语文课文章~~	给家里打电话
~~15：00~18：00写历史课作业~~	开始搜索暑假的实习机会
~~19：00~20：00与萨拉共进晚餐~~	确定吉他练习日程表
~~21：00~22：00写历史课作业~~	
22：00~23：00准备周二历史课，开始材料阅读	

　　这儿有几件事需注意。首先，在今天的日历条目中他记有很多事。这些超出了12小时所能承受的范围，所以有些事项需

挪到其他日期。同时注意一下斯岱芬前一天（周日）的日程安排。
这很典型，周六玩了一晚上，不可避免会把很多事压到周日，
使一些行动开始较晚。斯岱芬对自己的计划期望太高了，但由
于赶写历史课作业，到晚10点他已很疲倦了，无法按他设定的
日程继续开始历史课的阅读了，所以这一任务需挪到今天。最
后，注意斯岱芬昨天的"备忘事项"一栏是如何把一些长期计
划包括在内的，如"确定吉他练习日程表"。列表在此用得很
棒！如果你记下一些课外的或关于人际交往的想法，应该把这
些想法移到日历上，这样在你去处理这些之前都不会忘掉。

现在让我们看一下斯岱芬在课前是如何处理所有这些事的。

斯岱芬首先做什么？

斯岱芬首先给表上的任务标注时间。这样他可以确定实际
能做多少。在今天的日历条目和昨天的列表单上，斯岱芬有好
多"需做事项"要安排时间。他的策略很简单：他从最重要的
事开始安排标注时间，直到日程排满，然后把剩下的事项移到
日历的其他日期。然而，为了有效地进行时间标注，他必须首
先搞清楚他有多少空余时间。斯岱芬很快在脑子里过了一遍：

我8：00～10：30有课，另外一堂课11：00～12：00，在晚7：00
的晚餐和随后在阿尔法·齐家的派对之间不可能做什么。我应
该设法在晚餐前挤出一两个小时去健身（宽袍派对上必须要精
神些），所以我必须在5：00之前做完所有的作业。

现在空余时间已确定，斯岱芬开始给"需做事项"安排时间。
下面是他的思考过程：

在课间，10：30～11：00，我可以挤出时间来完成三件小事——交手机费，给父亲买生日礼物，还要还马克唱片。第二节课后，吃午饭，但之后应赶快做历史课阅读作业，明天就上课了！现在看一下，还有三篇历史课文章要读，可能要花两个小时，那好，标上时间13：00～15：00。嗯，所有时间都排满了，我得开始做数学课习题，因为这有点棘手，而且周三就得交了。那我就安排在15：00～16：30。好了，还剩半个小时。还能做点什么？语文课作文主题明天要交，我必须得把它挤在16：30～17：00之间了。我的时间就这么多了。

到此为止，斯岱芬几乎都做好了时间的标记和安排，剩下的是把还未安排时间的需做事项移到将来的某个时间。记住，这里面包括记在当天条目上但未安排时间的任务以及昨天清单中的"备忘事项"。

在昨天的清单上我提醒自己给家里打电话，但这周太忙了，好的，我把它记在日历中周五的条目上。到那时我会轻松一点。我现在真的是没时间做另外那两件事了——开始实习机会的搜索和确定吉他练习日程。那就写在日历上期中之后第一周的条目中吧。到那时我也许会有更多空余时间。那么，还剩什么要做？今天的日历条目中未标记时间的事项。没问题。我可以把语文课阅读作业挪到明天的日历表中，然后把历史课作业写作移到周三，等交上数学课的习题作业之后再做。搞定了！

这样，斯岱芬到此已完成了今天所有时间安排的认真思考过程。在去上课前，他从笔记本上撕了一张纸用于今天的清单罗列。他分成两栏，写下今天已安排了时间的任务。表4显示了在他冲出家门前所列的日程清单。

表4：周一上午斯岱芬的列表	
周一　2005年3月11日	
今日时间表	备忘事项
8：00～10：30上课	
10：30～11：00父亲生日礼物，交手机费，还马克唱片	
11：00～12：00上课	
12：00～13：00午餐/休息	
13：00～15：00做历史课阅读作业	
15：00～16：30开始做数学习题集	
16：30～17：00语文课作文主题构思	
17：00～19：00健身	
19：00晚餐，之后宽袍派对（提醒自己：派对上尽情放松）	

上文所描述的整个过程实际上只需3～5分钟就可以完成。这一方法使用次数越多，就会越自然。很快，更新日历，迅速做一天的时间安排就会像每天早上冲个澡一样变成了一种习惯。记住，这是一天中斯岱芬对时间安排进行的唯一一次认真思考。现在他要面对的是周一，脑子已不必担心他有可能忘掉的那许多任务或是马上要来的那些最后期限。他知道他已在清单上对所有任务做了时间安排，每一件事最后都会完成。他的计划很灵活，也值得信赖。

现在我们来看一下斯岱芬是怎样拖延的……

周一整个一天

一天开始了。斯岱芬成功做完了他计划在10：30完成的那些小任务。上第二节课时，他记起来了，他还有图书馆的书过期了，需马上还上。没问题。他从口袋掏出那张清单，在"备忘事项"一栏下写上"还书"。过了一会儿，老师宣布期中考试日期和具体时间，这又是一件需安排日期的事情。当然，对斯岱芬来说，没什么问题。他在清单上加上"日程：历史课期中考试4月5日下午3点"，然后很有把握地离开了教室，这些任务会在第二天早上进行适当安排。

轻松午餐之后，斯岱芬坐在图书馆里做历史课阅读。文章比通常的要短些，因此他14：30就完成了，太棒了！

然而离开图书馆时，斯岱芬碰到一个朋友，朋友说服了他一起去了一趟沃玛特连锁超市。说实在的，沃玛特没什么吸引人的。但不知什么原因，学生很喜欢沃玛特。

这一趟没法推脱，斯岱芬回到学校已15：30了。他没按时完成计划。快速查看了一下电子邮件，他发现同学给他发了一封短信，问他是否愿意参加16：00的学习小组，讨论数学课的习题。迅速改变计划适应新情况，斯岱芬又一次掏出日程清单，对今日时间表一栏迅速做了几处修改。他把关于语文课作文主题的作业提上来现在开始做，然后把做数学习题集的作业换到了他刚发现的学习小组的时间，这个时间安排的方法最大优点就是灵活性极高。时间表可随时变化，但可以让你在被打断之后能很快重新集中注意力。表5显示的是斯岱芬列表的新状态。

表5：周一下午斯岱芬的列表	
周一　2005年3月11日	
今日时间表	备忘事项
~~8：00~10：30上课~~	还书
~~10：30~11：00父亲生日礼物，交手机费，还马克唱片~~	历史课期中考试日期4月5日下午3：00
~~11：00~12：00上课~~	
~~12：00~13：00午餐/休息~~	
~~13：00~15：00做历史课阅读作业~~	
15：30~16：00语文课作文选题	
16：00~17：00小组讨论数学习题	
~~17：00~19：00健身~~	
19：00晚餐，之后宽袍派对（提醒自己：派对上尽情放松）	

　　语文课作业进展顺利。斯岱芬找到了一个自己满意的主题，然后就赶快跑去和数学小组碰头了。讨论当中，小组一致同意周二上午再聚一次，完成习题解答任务。斯岱芬马上在"备忘事项"一栏记上"数学小组讨论 ——上午10：00"，之后就跑去体育馆了。今天的作业都做完了。

结果

　　因为上午完成了很多事，下午派对之前斯岱芬可以真正放松，晚上也可以好好享受一番。另外，他已记下了一天里出现的所有新出现的需做事项和最后期限。这些事没有在脑子里跳来跳去,制造紧张气氛,而是安安全全地放在了斯岱芬的列表上,并会在适当时间安排日程。最重要的是,考虑每一件事的时间安排都不会超出5分钟,他今天早上做计划和下午重新调整时间就是这样。

想象一下如果没有这一简单的时间安排方法,斯岱芬的一天会是什么样子。如果他也采用大多数学生所用的方法仅仅简单记住要做什么,又会是什么样子?那些小事如:还唱片,买生日礼物以及交电话费极有可能会完不成。如果没有时间表,不到万不得已,谁都不愿做那些乏味的琐事。也会有另一个可能,就是在学习小组的事突然出现后,他会忘掉语文课作文选题的事。

周日的备忘条目照顾的事太多,如给家里打电话,安排寻找实习机会的时间,确定吉他练习的日程表。由于近期任务繁忙,这些事很可能就会忘到脑后了。没有个方法抓着这些繁琐小事,就无法期望斯岱芬会记住这些可以随意延长的远期打算。

最重要的是,没有这种方法,斯岱芬周一就不会完成那么多功课。这一天仅仅集中精力做历史课的阅读就可以了,因为这是唯一一项第二天就要到期的重大任务。没有时间标记,斯岱芬对自己的空余时间就会很不清楚,也就有可能下午才开始这门课的阅读(多数情况下,学生总是等到有大块时间才做作业)。但要记住,斯岱芬花了几个小时才做完这项作业,这就意味着如果等到下午再开始做的话,仅这一项就得到17:00才能完成,数学练习题和语文课作文选题就有可能推到一边。但事实上，他17：00之前完成了六项任务，空出大量时间晚上运动和放松。

从这一个案分析中你可以看到，这一简单的时间安排方法，每天仅需几分钟计划时间，却可以让斯岱芬收效更多且压力更小。这对你来说也一样。换句话说，每天早上5分钟，每天口袋里一张纸就足以让你从一个背负压力、挣扎做事的学生变成一部颇具条理，轻松和谐的学术"机器"。

如果你只能记住本书中的一项建议，那就应该首先记住这个个案分析：每天5分钟就可以让你走得更棒更远。

第二步

向拖延宣战

前一部分我们介绍了一种简单的时间安排方法来帮助你巧妙计划每一天。那一步很容易，任何人都能花5分钟搞明白要做什么。真正的挑战在于设置好日程后，如何调动积极性真正做完这些事情。不能掌控日程表，无论有多么好的意愿，你都不可能成为轻松快乐、富有成就的学生。

正如你所期望的那样，为本书进行采访时，我把绝大部分注意力放在了拖沓的问题上。每一个学习高手都会找到一种方法，在事情该做时把它做完，我想知道到底他们是如何做到的，但结果让我大吃一惊。

对每个采访的学生，我都会问这样的问题："你是怎样战胜拖沓的？"从收到第一个回答开始，我就清楚一定是有什么事弄错了，因为我收到了这样的回答：

"我不与它斗争。"

"很少能战胜。"

"我就没胜过。"

"我认为你不可能战胜得了它。"

这根本不是我所期待的那种答案，根本就说不通。他们所告诉我的任何其他事情，像他们怎样学习，怎样应对考试，清清楚楚地说明了这些学术精英们都在与拖沓认真地斗争，为什么他们现在却说他们无法战胜拖沓呢？是怎么回事？庆幸的是，很多学生继续解释了这种第一反应，正是这些解释让我明白了他们的真正意思。

"我认为你不可能战胜得了它。"这就是学习高手李开始时给我的回答，但紧接着，他补充道，"你所能做的只是设法限制拖沓。"

"我还不知道我什么时候战胜过拖沓。"这就是哈佛学习高手克丽丝汀开始时对我说的话，但她又总结道，"但我已找到了好的解决办法能让这种无法避免的趋势尽量降低破坏性。"

逐渐地，这些扩展的回答让我们的画面更加清晰。在这些学习高手回答"我没战胜拖沓"时，他们真正想说的是"我没有能战胜拖沓的冲动"。这样说更好理解。简单说来，就是有些事让人厌烦，你会和本书采访的这些学习高手一样，想拖延一下，这是没法避免的。因此，这一步的目标不是教你如何喜欢你所做的任何事情，永远不想再拖延下去，而是**讲述一些有针对性的策略，在拖沓的冲动又起时，帮助你如何规避而不是彻底消灭它，这就是学习高手们如何防止拖沓来动摇日程安排的**。他们不是仅仅依赖坚强的意志力和美好的意图，而是配备具体细致，经过检验的规章制度，以此帮助自己中断本能的拖沓欲望。当然，这些学习高手并不完美，他们偶尔也会拖延功课，毫无道理可言。但总的来说，与同学相比，他们的策略让他们更加有效地执行着学习计划。这便是最大的差别。

下面所要讲的是五种反拖沓的斗争计划，均来自于对学习高手的采访。这些技巧不属于理论性技巧，全部是真实学生一次次打败拖沓所使用的方法。相信他们，赶快把这些方法付诸实施，并形成习惯，效果会立刻显现。你也许从来都不会完全消除拖沓的冲动，这没关系，但有了恰当的策略，你就可以消除向拖沓的冲动低头的恐惧了。

与拖沓战斗计划1：坚持做课业进展日志

想一想你准备拖延某件重要事情的时候，你脑子里可能会杜撰出一些无聊的理由拖延这件事情。可能是些这样的理由："我现在还没有拿到所有的材料，但如果等到明天，我就可以拿着所有的材料立即开始"或者"太晚了，我的注意力越来越差，现在开始简直是浪费时间，所以我想等到明天早上脑子清醒时再开始"。为什么会有这些理由？为什么我们不直接想："太烦人了，我太懒了，不想做了。"哪种说法更接近事实？答案就是：我们在拖沓，但我们不想向自己承认我们在拖沓。所以，我们给自己找理由回避事实。

课业进展日志是一种简单的工具，可以利用现实情况帮你战胜拖沓。作用如下：买一本便宜的带有螺旋线圈的笔记本放在日历旁，每天早上在制订出一天的日程表后，快速在笔记本上记下日期，以及你要做的重要任务。一天结束之后，如果所有任务都已完成，就在笔记本上写上：全部完成。如果有些任务未能完成，标记下来，并写出原因。

这种方法每天早上只是多用1分钟，每天晚上睡前再需要1分钟。

形成习惯后，这就会变得很简单。更让人惊奇的是，日志效果迅速。要用笔用纸记录下来，你毫无原因拖延任务就是对你的自我的有利打击。为了拖延一项枯燥的作业跟自己说几个毫无力度的理由，有可能很容易，但要在纸上记下同样的理由，愚蠢之举就暴露无疑，这样你就不会再用这种蹩脚的理由拖延任何事情了。这对于一天又一天拖延同一件任务尤其有效。看过所有这些理由罗列在日志中，你就再也没法逃脱现实：你是懒蛋！你的自我不会喜欢这种事实，所以它会赶着你，催着你努力避免这种状况。

在这种意义上，日志就像你的私人训练长官，坐在你的肩上，朝你耳朵里喊："士兵，好像我刚才看到你在考虑今天下午不想开始写作业了，我知道你不会把这些垃圾推给我的，我可站在你旁边呢。赶快抓过本子来开始做作业，否则我会让你记下你的懒惰，那时谁都能看到！"

很多学生，包括我在内，都不会一直在记着日志，他们只是用这种方法帮助自己度过最最忙碌的阶段。比如我的课业进展日志是最关键的力量，它帮我度过了大学四年级的秋季学期，当时要上课，申请研究生院，还要同时编写我的第一本书。其他人已经非常成功地运用日志帮助自己集中精力准备法学院研究生的入学考试，同时应付着平常课程要求的作业。有些学生因为这种方法而成了朋友，他们相约每周一次互相交换一下日志。就如同哈佛的学习高手建议的那样："如果在同一班上有个朋友，可以互相检查进度。"即使你没有日志朋友，可以有其他方法让朋友给你动力，"直接告诉好朋友你的目标，这种方法也很有效，他们可以让你感到内疚从而督促你立刻投入学习。"

与拖沓战斗计划2：给"机器"加油

能量低就会产生拖沓。大多数学生都知道这种感觉——脑子感觉反应迟钝，读整页书记不住一个词，做到记笔记有条理更是困难。

在这种思维状态下几乎不可能督促自己遵守日程表。由此，在长时间工作之后，你需要给身体加油，以保证身体能在最佳状态发挥作用。把大脑当做一部机器，如果你想战胜拖沓，就需要给大脑提供必要的能量，好让它集中精力赢得战斗。没有适当的呵护，大脑就会与你作对。

学习过程中，让脑力处于最佳状态的营养原则其实很简单：

- **经常喝水。**带一个水壶，或经常跑去热水房接水。我最喜欢的学习地点有一个自动售货机可以出售小纸杯，旁边就是水房。我的习惯是每45分钟喝5小杯水。这简直可以创造奇迹，让大脑不停地忙碌，让精力始终保持高亢。身体运行时需要水。水能增加能量，掩盖疲倦，降低由于枯燥而诱发的饮食欲望，抵抗睡意侵袭。不要担心大量饮水而导致不可避免的副作用。就像学习高手葛瑞塔的快乐表述："常跑厕所让我保持清醒。"

- **注意咖啡因的摄入量。**每小时不要超过1瓶咖啡因饮料。尽管可乐或咖啡能增强注意力，但短时间内大量咖啡因会让你过于兴奋，无法集中精力。如果你喝咖啡，开始时泡得浓一些，启动大脑，然后在接下来的一两个小时里换成无咖啡因咖啡，或是茶，或者仅仅喝水，然后再转回喝咖啡。

- **把食物看作是补充能量，而不是满足欲望。**学习时，认真选择那些可以长时间激发能量的食物。像蔬菜、水果、谷物、瘦肉蛋白、花生或是燕麦片。精细碳水化合物，如糖和面粉，只是让能量快速流动，紧接着能量又会迅速耗尽，食欲又会提高。所以无论如何，学习时避免食用这些不健康食品。如果遵循第1条，经常喝水减低对食物的欲望，你就可以更容易坚持按照健康规律吃饭。

● **不要漏掉任何一餐**。只吃零食不足以给大脑加油来维持长时间的工作，即使在最忙的日子里，也要规律地吃三餐。如果省掉早餐，直接开始学习，或者为了完成阅读任务，把午餐一直拖到下午很晚，零食就不能有效地满足你，你会经常觉得饿。饥饿，以及由此产生的低血糖，就会毁掉你集中精力的能力，让你屈从于拖沓，所以一定要坚持规律饮食。如果时间紧，吃得快一点。从不太拥挤的餐厅买个面包吃，或是把饭带回学习地点，但绝对不要省掉任何一餐。

与拖沓战斗计划3：把最棘手的任务当作大事

有些任务太可怕了，仅仅想想就会后背出冷汗。对于我来说，这种任务就是申请研究生院写个人陈述。另外一些学生害怕写长篇文章的开头几段，构思工作申请的随附信件，或是攻读大量的阅读作业等等，每个人的情况可能会不同。

最终决心开始进行这些浩大工程是要付出巨大的努力的，但并不是都会这么困难。学习高手劳拉解释道："在学习那些我并不是很喜欢的东西时，我设法把它当成大事来做。"找一个僻静的餐厅、咖啡屋或书吧，如果地点离校园稍远些会很有帮助的，确定一个时间把作业搬到那儿做，或是选择一个步行一会儿就能到达的地点，这样你不必总是急着马上要回学校去。告诉所有你认识的人这段时间你要外出学习，告诉他们那作业有多么可怕，可是你必须要完成。**知道的人越多，你就越难取消决定放弃不做。**

环境新鲜，再加上远离校园，会有助于迅速启动你的学习动力，再一次对付那可怕的任务。

"我发现环境的变化会使身体很快融入工作状态，道理就跟走进办公室是一样的。"耶鲁的学习高手西恩解释说。你费了一番功夫才找到这样一个僻静的学习地点，不会轻易就分神。校园远离这儿，因此朋友、电视、学生活动中心，还有网络都不在旁边。你一个人坐在公共场所的一张桌子旁，周围都是陌生人，如果你不赶快开始做点什么，有人就会想：独自坐在那儿盯着天的那个奇怪的学生是谁？他是在四处游荡吗？他要干什么？

"坐在那儿盯着别人很尴尬，"劳拉说，"所以无论我带的什么材料我只能是把它读完。"开始时总是最难的，但是一旦你已开始埋头苦干，对付作业时，痛苦就逐渐消失了，你会快马加鞭，还没意识到时就已经做完了，可怕的作业又一次顺利完成了。

与拖沓战斗计划4：形成常规

日程表每天各不相同。但你应该能确定每天至少有1个小时总是空余的。如果上午一早就有课，那就把课后的那1个小时拿出来。如果上午后半部分有课，那就从课前1个小时算起。总之，上午和下午的早些时候是能找到空余时间的最佳时候。临近傍晚和晚上经常会被意想不到的事情所侵占，因为经常朋友上完课就会来敲你门。

一旦你可以确认有这样可以不被侵占的几个小时，每周就用来做同样的事情。比如：每周一、三、五各拿出一个小时来做历史阅读作业，每周二、四的两个小时用来做每周的统计学练习题。这样做的意思就是要形成常规，**每周用同样的时间段做同样的事情，目标是把这一项一项的工作转化成习惯，使之不再是那些必须要说服自己才能做的事情。**

"我很早就明白坏习惯最让人烦的事情就是顽固，但如果能把这种顽固用于其他方面，那就会非常有用。"学习高手西蒙解释说，"我发现，在每周的同一时间做某一项作业且毫不含糊，这样的好习惯很难扔掉。"

不太好的是，每周的这5个小时很可能不足以完成所有的作业（但愿这不是真的）。但是这却代表了5个小时的成果，以前从没有过的成果。而且更重要的是，每天的第一项功课启动了你的积极性。一旦你完成了一项大任务，再对付其他的任务就变得更容易。所以接受西蒙的建议，让这一简单的好习惯大大降低你的付出，轻松启动富有成果的每一天。

与拖沓战斗计划5：选择最艰苦的日子

在学校学习无法逃脱艰苦的日子。有时你有太多的作业赶着，无法协调日程表来应付这么多的事情。这些情况下，放松和社交不得不到后面歇着，让位给学习任务。学习高手杰里米承认："有时我也是准备好食物，把自己关在屋里，坐在那儿一动不动，啃一天的书本。"你是没法避免这样的苦日子的，但你可以控制这些艰苦时间的效果。

如果你看到大量的最后期限逼过来，你就能明白最近又要有苦日子了。**给你的秘诀就是：提前计划。**不要等到最后期限临近了，你别无选择只好倾尽全力。找出一两天提前指定为"苦日子"。通过提前受苦，你就可以隔开两段艰苦时期而不至于使它们连成一串，也不会由于放松警惕而被突发的强力攻击打个正着。尽量把放松性的非学术活动紧接安排在这些艰苦时期的前后，这样就会减轻负面影响。正如杰里米所说："如果周六用功一整天，我就会让自己晚上出去玩个痛快，周日放假。"

另外，你应该从思想上准备好。告诉朋友们那些日子你要刻苦用功，告诫他们不要期望你跟他们有太多联系，请求他们给予更多的鼓励。如果你所有的朋友都知道周二对你来说是艰苦的一天，你就很有可能坚持下来，真正在忙碌用功。毕竟，说出大话要刻苦用功，博得了朋友的同情和支持，然而下午却发现你仍在拳击教练那儿，练习如何用脚趾控制失控的身体，这种事是很让人尴尬的。

通过有规律地提前计划刻苦用功的时间，就会降低负面效应。如果你没有提前计划，而是把所有事情堆在一天做完，你就不得不被迫长时间用功，这样，你会感觉精力耗尽。如果同一天的事已在上周做了计划并大肆宣扬了一番，你就会因为自己的成就感觉备受鼓舞。你希望有挑战，准备好了迎接挑战，并且成功赢得了挑战。这种策略绝不仅仅是节省时间而是心理策略，这样做的效果非常好。有了时间安排的主动权，你才会更有可能看重它。

第三步

如何选择学习时间、地点和时长

　　小事至关重要，这对于学习来说尤其如此。在我们就如何复习备考和如何成功上大学方面做细致的讨论之前，我们首先对一些基本问题作一些说明：一天中，什么时间学习效果最好？去哪儿学习？你应不间断地学习多长时间？这些问题的正确答案，将激发你更具效率地学习，使你把更多的事情压进更短的时间内完成。然而错误的回答会让你放慢速度，让这一过程变得更加难熬。我发现，学习高手在这些问题上费了不少心思，他们意识到这些小细节看似无关大碍，却能起到支持或是破坏学习成效的作用。他们通过广泛的试验发现了最有效的策略。

　　问题：什么时候是最好的学习时间？

　　回答：时间越早越好。

"我喜欢一下课有一大块时间用来学习，或是在两次课之间学习，这要看我的时间表。"西蒙说，"我总是尽力不把作业留到深夜再做。"西蒙的计划强调了学习中的一个重要事实：你最有效率的时间是从起床之后到晚饭之前这段时间。应该在这段时间里尽量完成更多的任务。

这一建议有悖于大多数学生的感觉。对于很多人来说，晚上似乎更适合于学习。为什么？因为上午和下午太嘈杂，上课、吃饭、会面以及其他活动占据着这段时间，很少会留下连续的时间真正能坐下来干事。从另外一方面说，晚上更像一段持续较长，没被打断的理想学习时间。对吗？错。

第一，晚间时段不像你想象的那么长。吃完晚饭，拿好材料，最终开始学习，你真正能学习的时间没有几个小时，等到很晚时，你睡觉的欲望就会侵袭注意力。

第二，晚间时段不像你想象的那么空闲。那是黄金时段。自然有些人不可能错过电视节目的唠叨，或是楼下大厅里吵闹音乐的引诱。晚上是人们最想和朋友交往的时刻。你在晚上去派对，在晚上去电影院。演出、演讲和其他校园活动也在晚上。大家回到宿舍聚在一起说东道西互相分散精力。我们当中很少会有人那么漠然，能抵御那些诱惑，我们也不应该去抵御。

最后，晚间时段也是身体状态下滑的时间。一整天的活动之后，开始慢慢沉下来睡觉了。即使还没到很晚，大脑所需的能量已减少，晚7：00~8：00，注意力最差。

基于这些原因，必须减少晚饭后的作业数量，但事实是白天的工作也同时变得更加复杂了。像上面提到的，上午和下午很少会有大段连续的空余时间。不要害怕零碎的日程安排，全天带着你的材料，用富有成效的作业填满小段小段的时间。学习高手温迪解释说："无论什么时候我总是想法随身带着一本书，以防我在做其他事的时候随时有空余时间跳出来。"来自哈佛的多利斯有一个习惯，在两次会面中间或两次课中间她会悄悄溜去做作业，每次会用30～45分钟的时间。如果你也照着这种方法做，你会惊讶你可以把大量的作业挤进这么繁忙的白天日程里。

这一招效率极高。如果你两次课间有一个小时，在第一次课之后直接去图书馆或是类似的学习地点，只要是靠近第二次课的上课地点就行。在路上就做好思想准备，这样一到学习地点，你就可以在数秒钟之内开始高效学习。当然也应尽量在白天避开宿舍或其他公共场所。你需要把工作的思维状态和放松的思维状态分开。总是呆在宿舍或学生中心，你很容易分神，由于闲聊，一段本来可以很有成就的时间就这么溜走了。

这儿的观点并不是让大家变得反其道而行之。这一天的事情做完了，尽情地放松享受！派对简直是不可思议，你不会因为要躲开课间的那些无聊闲话而错过了重大的交往机会。更富意义的经历还在后面呢，那是在同学会，或是在宿舍里，在每个人都做完了一天功课的时候。**记住"刻苦用功，尽情开心"总比"一般用功，有点快乐"要好。**

早早学习除可以更有精力，更能集中注意力之外，时间安排的扩展也让压力更小了。学习45分钟，跑去上课，学习1个小时，再跑去上另一次课，然后再学习45分钟，去吃午饭，这样比坐两个半小时一直看书有意思多了。通过充分利用白天一块块的时间学习，你可以自由利用晚上宝贵的时间外出，尽情开心，以此来充实自己的生活。

问题：应该在哪儿学习？

回答：把自己隔离。

确定一些学校周围僻静的学习地点。像宿舍或家里这样的地方是学习的禁地，同样图书馆主馆宽敞的公共自习室也属此类。就像葛瑞塔解释的："在宿舍里呆着，好像没人在学习，因为他们本来就不想学习。"这种气氛不适合集中精力。找一个远离校园中心区的图书馆，那里去的人少。找一个高楼层上的小阅览室或躲到地下一层。经常留意其他隐蔽的学习场所——学生社团楼里的小图书馆、咖啡厅里靠墙的角落，或是当地公共图书馆，这些都是理想的学习地点，在那儿你可以专心学习。

需要多个地点有两个原因。

- 整个一天中，你把学习挤进两次课中间时，知道一个就近的地点很方便。
- 更换地点可以防止你在一个地方呆得过于疲劳。

这是哈佛的多利斯所遵循的一条策略，他解释道："要保持头脑清醒情绪高涨，我经常会在不同地点之间换来换去。"

学习地点要求僻静，远离嘈杂很重要，原因很明显：这种氛围可以使你免于分神。在你肩上的那个"拖沓鬼"是出色的销售员，哪怕你一个淡淡的眼色向它显示，除了功课之外，你还会有其他选择，它就会让你成交。为了压制这个魔鬼，把它隔离。不要让它看到你的沙发，可爱的女孩在院子里扔飞盘，或是你的朋友在宿舍里闲谈。如果在学习期间，你把自己与外部世界切断联系，你就会更有可能完成规定的任务。还有一个附带的好处，注意力进一步集中会让你的学习效率更高。

很多学生认为，用功时太过于隔离自己也未免太戏剧性了。听起来有些天真，但把自己隔离在一个隐蔽的学习间里，无形中提高了你要应付的作业的重要性。在你向静谧的学习地点赶的时候，你几乎能想象的出一位严肃军官的声音，他在对你说："小子，我们就靠你了，祝你好运。"然而，你躺在沙发上，胸口顶着一本书看时，你的舍友在你旁边的椅子上弹着走了调的吉他，努力想学大卫·马休那讨厌的歌，在这种环境中，那种庄严的态度是找不到的。就像哈佛的克丽丝汀直白的表述一样："躺在床上学习从来都起不了多大作用。"

这些思维游戏可能有些陈腐，但是可不要低估这些心理活动，它在你成为有效率的学生的过程中起到了重要的作用。几乎所有我采访过的学习高手都使用着这样或那样的隔离措施。有些人甚至带上耳塞或从校园走出很远就是为了杜绝任何分散精力的可能性。他们懂得周围环境给他们带来的好处，你也应该懂得。

问题：你应该学多久？

回答：中间不休息，一次不要超过一个小时。

中间的休息只需要5～10分钟，但这一小段时间很重要，可以让你的大脑得到休息放松。这就意味着需要找一个可以转移几分钟注意力的东西，而且必须和休息前进行的事毫无关系。读点新闻或发封电子邮件，这就足够了。这种暂时的脱离可以帮你重新振作精神，有助于在重新开始工作时发现新角度，开拓新视野。有些学生随身带着小说或是报纸，每次休息时读一段文章。还有人每天选择一个项目：可能是给好久没见面的朋友写一封长信，或是为假期可选的计划列个条目，并且每次休息时一点点修改完善。

即使感觉自己是在连轴转，也要规律地休息。这样长期坐下来，你就会最大限度地提高精力和记忆力，应付那些阅读材料。就像劳拉讲述的那样："我敢发誓，在学习中间坚持进行有规律的休息的学习效果，要比只学习不休息要好得多。"

为什么这种时间安排会让功课完成得更好？具体我也不太明白。有些认知科学研究得出结论说50分钟左右是最佳的学习时段。比如，普渡大学韦恩堡分校学术支持和发展中心的网址上声明：学校建议，学习最长连续时间不超过40～50分钟，这样可以保持最佳记忆状态。40分钟左右休息一段时间（5分钟），然后再继续学习。而没有休息时间，两个小时后的记忆力是原来的30%。但是，我们没必要停在这些科学细节上。我倡导时间安排的主要原因是因为几乎我所采访的每一个学习高手都有一个极相似的计划。当被问及中间不休息一下子会学多久，除了少数几个人，大家回答的时间大都在半小时到一小时之间。

"不超过一小时。"克瑞斯回答道。

"一个小时，然后我就站起来做点其他的事。"米莲妮回答说。

"大约40分钟到一个小时。"瑞恩回答。

"有时一个小时，有时50分钟。"莉迪亚说。

"一个到一个半小时，然后我总会休息一会儿。"拉瑟回答说。

这样的话还可以罗列很多，一个一个的回答都揭示了相似的策略。用意很清楚：通过一次次试验，许多成绩优秀的学生无意中都发现了相同的技巧——学习一个小时然后休息——你也应该相信这种方法。

PART

2

如何让学习效果
事半功倍

有完善出众的学习技巧，你就可以事半功倍。

——瑞利

　　这儿有一个简单的事实：多数学生害怕学习。

　　事实上，这不是他们的错。学生们来到学校独自生活，没人带他们，没人教他们正确的学习方法，所以大多数学生只好在学习过程中一点点补。比如，每当考试日期临近的时候，学生最典型的做法就是缩在宿舍学习厅里或自己屋子的书桌前，拿出书和笔记开始复习，几乎是没有什么明确的目标，只是尽自己所能细抠笔记和书中的章节，经常还会停下来，和朋友说话，或是查电子邮件，最后想继续复习的愿望就会这样完全消失。如果他非常勤奋，他就会熬一整夜，或者熬到半夜才会停下来。第二天，睡眼惺忪地去参加考试，根本就无法确定能得多少分。偶尔，这种方法可以让他得A-，但大多数时候，只能是疲惫地保持在B，偶尔还会有C。

　　这种方法存在两个问题。第一，在于时间安排上。前面我介绍过"假用功"这个词，以此来描述那些用时长，强度低，效果差的学习习惯，像马拉松一样充满了疲惫和痛苦。为了反驳这种行为，我们讨论了一些聪明的时间安排策略来帮你以用时短，强度高的方式展开工作。这个方法的第二个问题，就是技巧。如上文所反映的那样，学生们的典型学习方法就是一遍遍地机械复习，一遍遍地把作业读过来读过去。这一策略背后的思想就是好像这些材料在你眼前多过几遍，那些重要思想就会在脑子里呆足够长的时间，好在考试时使用。机械重复的问题在于：它是一种可怕的学习方法。

首先，这种方法根本行不通。即使你花了很长时间，最终你还是没能真正学好这些材料。反复阅读课堂笔记是一种没有效果的方法，因为这会让你感到很无聊，你的大脑很快就会疲倦，一旦思维关闭，你就会忘记综合复杂的观点。机械重复的第二个问题是这种方法真的是让人痛苦，根本是毫无作用：填鸭式用功让思维麻木，尤其是有无数材料等着你复习时，那简直让你看不到任何成功的希望。

但这儿有好消息告诉你：不必非得用这种方法。不信吗？下面所引用的是我所采访的一些学习高手的真实独白：

- 我从来就不做熬夜者。
- 我有大量的空余时间。
- 身心健康对我来说才是最重要的。
- 几乎每天我都会有大量的空余时间。
- 最初的时候，我也是很用功，但是，到了高年级，我玩得实在是开心极了。
- 相比而言，我几乎不花什么时间在学校里做作业或阅读。
- 早上，我迅速把功课做完，然后会有大量时间毫无打扰地尽情玩。

很多学生认为这些话很难相信，因为和我们所喜欢的一条传统名言相矛盾：高分学生一定是刻苦用功的学生。这种信念从何而来？正如同学习高手马休所说的，其中一个原因是："有人会把全身心投入到刻苦用功中去。"这种学生随处可见。他们不停地抱怨作业太多，经常和朋友比较学习所用时间的多少，经常会看到他们大多数时间"驻扎"在图书馆。如果这样的学生你看得多了，事情好像就应该是：这才是取得学业成功的必要方法。

然而，这种观念一直会存在，还有另外一个更不易觉察但又影响重大的原因。大多数学生错误地认为机械重复是学习的唯一方法。想一想：如果你假设所有人的学习方法都是这唯一的方法，那么结论就是所有学习高手就必须刻苦用功。我们先前注意到通过机械重复的方法取得高分就得需要大量的时间。因此，如果机械重复是唯一的学习方法，那么高分学生必须要比成绩平平的学生用更多的时间学习。

你必须要首先弄明白且要接受的一个至关重要的事实：这个世界上有许多许多不同的学习方法（机械重复不是一种很好的办法）。如果将学习比喻成进行专业篮球训练，那么机械重复的学生投的球都是那种笨拙的下手投球，而那些不死用功的学习高手都是那些想方设法勾手投篮的学生。机械重复的学生练习笨拙的下手投球的数量是否是学习高手的两倍，这并不重要。真正比赛的时候，勾手投篮的人总会得更多分数。**这就说明技巧好胜过多付出努力。**

第二部分将会教给你如何真正在学业上"勾手投篮"得分。本章将涵盖巧妙应试的各种小技巧。全部都由学习高手历经无数学期发展完善、总结而来的，这些是很棒的学习方法。把你所知道的那些备考的方法扔到脑后，用开阔的思维接受这些方法。其中一些建议会立刻发生作用，还有一些会让你震惊。但是记住一点，那就是，这些方法不是任意专断，也不是基于一个人的经验，当然更不是由某个自诩专家的人信口说出的抽象理论，而是一些现实的策略，是真实生活中的学习高手应付测验和考试的有效方法。如果你把这些经过试验的学习技巧与第一部分所教的时间安排技巧结合起来，你就会发现自己的分数提高了，学得多了，学习时间也比以前想象的少多了。

测验 VS 考试

总的来说，本章中所讲述的所有建议都将会对测验和考试有效。但是对于测验，并不一定总是要投入非常多的精力（虽然付出努力不会有什么坏处）。

让我们先把定义搞明白。记住，教师们经常交替使用测验和考试两个术语。考试是大是小要由我们自己来做决定。简单的原则就是：如果考试所占最后成绩的比率少于15%，那它就是测验；否则，就是大考。如果考试只占分数的5%或是更少，那我们可以称之为小测验。

不要在小测验上费很多时间。即使你没及格，也仍然有可能不会影响最后的分数。如果坚持认真听课，而且坚持做阅读作业，即使几乎没准备，在小测验中的得分都应该能在中等以上。

对于大些的测验，可以大体快速浏览一下关于复习方面的步骤。如果对于测验要涉及的某一方面的问题还没掌握好，没关系，测验中，没答这个或那个问题，不会让最后分数有很大不同。如果把每个测验都当作期中考试，时间安排就会负担太重。测验就是检查，不是综合评估，所以就把测验看作为测验好了。

当然，如果分数很危险的话，这就只能例外了。如果学业上确实存在麻烦，可能是由于上学期在考试或其他方面努力不够，那么就得全力为测验做准备复习。如果完全使用下面的学习策略，你就会成功对付任何测验。

第一步

超强笔记术

首先从头说起：坚持认真听每一堂课！ 这一原则的重要性无论怎么强调也不过分。早上6点有课，教室在校园陡峭的山顶上，而且这天是在周六，这些都不重要——起床，梳洗打扮好，按时去上课。就像学习高手莉迪亚解释的，**如果你缺课，"课下得需要双倍的时间学习才能补上落掉的东西。"** 这就是为什么坚持上课很重要。不是因为知识就是力量，也不是因为这是父母希望你做到的，而是因为这样可以节省时间。如果规律地上课，就会大量减少得高分所要求的学习时间数量。这是不容商量的。即使你很累，或是昨晚头疼，或是非常忙，都要想办法去上课。

当然，仅仅去上课本身并不够。要想减少学习时间，必须要记好笔记。**记住：记笔记是一门艺术。** 记好笔记需要专家指导。值得庆幸的是，再也找不到比学习高手更好的专家了。下文是他们经过验证的记笔记策略。

收集恰当的材料

在我还是大学一年级学生时，不到一半的学生抱着笔记本电脑进了大学校园。我大学毕业那年，高于95%的学生带着电脑。再等到你读这本书的时候，电脑也许就会更加普及。对于记笔记来说这是一个巨大的进步。为什么？我认为，学习高手大卫表述得最贴切："多用电脑，认真地用！你会被笔记的质量和清晰所征服。电脑使用起来太简单了，简直是傻瓜型的。"

是啊，这看起来有些怪怪的，但笔记本电脑正在变得慢慢普及。就像大卫所提及的：机打的比手写的快多了，所以电脑会让你记录下更多的要点，更多的细节。更多的细节和更强的可读性会更方便为将来的考试做准备，这一点应该了解。

如果没有笔记本电脑，那么就一定保证每一门课都带一本笔记本和一支笔，要用起来比较舒服的那种。尽量写得清楚些。你甚至可以考虑每周末打出笔记的总结。在我用电脑那段日子里，有时我也用这一策略，然后发现，从长远来看，这样做为我节省了大量学习时间。

然而，对于使用电脑这一原则，有一个明显的例外：对于数学、自然科学这些涉及很多的数字和方程式的课程，铅笔和纸张也是很好的选择。有些人很乐于也能很熟练地在电脑上使用那些复杂的数学符号，而另外一些人则不愿意。如果你是后一种人，使用本子也无妨。因为对于技术类的课程，两种方式之间的差别并不重要。

最后一点，应给每一门课设一个文件袋。每堂课拿到的讲义，如：

大纲概要、作业说明、阅读章节材料等等，都应标注上日期，放到相应的文件袋里。打分的习题作业也要放进文件袋里。文件袋非常方便，它会让你更容易找到以后复习要用到的材料。

很多"专家"建议对基本的材料进行列表，并附加复杂的标记，其实没什么必要。他们说要用多种彩笔、特殊的本子，把各堂课笔记系上不同的带子等。真正的学习高手根本不用这些乱七八糟的东西。安娜警告说："很多学生把精力都用于怎样让自己的本子看上去漂亮，却忘了记下重要的内容。"把笔记记在电脑上或文件袋里的活页上，不要在意没有意义的形式，这样就很好了。

非技术类课程巧记笔记

"非技术类课程"指的是除数学和自然科学之外的任何课程。我们在谈的是语文、英语、历史、政治等等，基本上，只要不频繁使用数学公式的任何一门学科都属此类。这些课程的特点是阅读作业出奇得长，威风的教师总是站在讲台后面授课。

学好这些课程的关键简单明了：明确主旨思想，一切都源于此。非技术类课程的考试皆围绕着主旨思想：考试要求你解释、对比并且借鉴新证据重新评价这些重要思想。如果明白了这门课程的重要思想，所有这些作业都不会很难，你也会得高分。

正如你所想的，这些重要观点主要从听课得来。然而，识别重要观点并非易事。教师们信马由缰，他们很少会在开篇讲清楚需要深入研究的重要观点是什么，而是直接潜入深海，留下可怜的学生自己从枝节中摘出那些让人关注的结论来。

"每堂课讲的东西有很大一部分都是多余的，"学习高手杰里米解释说，"你必须要分清哪个是哪个。"这很难，如果这样的话，非技术课程的大多数学生都记不好笔记。等到复习用时后果就很严重了。如果笔记总不能很清楚地抓住重点，你就不得不在复习时一点点抠，以此来搞清楚。让我给你泼点冷水：除非拿出十几个小时准备，否则无法完成这一任务，你考试中的成绩也会是"两可"的情况。如果考试碰巧问的问题是你知道的那些内容，你会做得很好，但如果问的问题涉及到那些根本就没学到的重要内容，你的成绩就会很差。

很明显，应该避免这种情况。解决的方法就是想办法如何记好笔记，这样以后复习的时候就不会额外再费时间。让我们赶快直截了当说一下细节问题，如何才能实现这一目标呢？

大胆安排笔记格式

到教室之后，首先在笔记上写上日期，如果有课程题目的话，记下今天课程的题目。如果你用的是手提电脑，给每堂课创建一个单独的笔记目录。如果你要把材料保存在文件袋里，文件题目旁应标上日期。这样，日后复习时，可以更容易整理材料。

对于笔记文本的格式，基本原则是只要能让信息更容易读懂，任何方法都可以使用。要用连贯一致的方案，不要害怕使用大胆的文本格式来强调重点。使用电脑时，灵活的学生总是使用粗体字和列表来帮助整理思路。使用笔和纸时，利用下划线、缩进空格，在各种观点上画框，加着重号，这些也有助于组织信息。如果给一个词下定义，把它写成粗体。哈佛的学习高手克丽丝汀建议说："你可以建立自己的速记方法——'尤'代替'尤其'，'美北'代替'美国北部'等等。"大胆空行，随意使用TAB键，变换字体大小，随处使用星号键，尽情使用任何方法，只要能帮你强调重要观点和概念什么方法都行。

"笔记只是记给你自己看，"学习高手李说，"没必要非得让其他人看明白。"

使用"问题—论据—结论"这一结构抓重要观点

非技术类课程记笔记的最大挑战就是要决定写什么。有些学生逐字逐句地记笔记，千万不要这样做。哈佛的学习高手多利斯解释说："对于记笔记，我想给大家的最好建议，就是不要奢望把教师所说的每一句话都记下来，因为这根本不可能，你根本达不到预期目标。"简单地说，你不可能写得那么快！而且你会花费太多精力抓词语，却忽略了抓重要思想。记住下列结构：

非技术类课程的大多数重要观点都是以这种结构阐释的。为什么？因为人们通常以问题的形式进行思考，这是人们探索世界的方法。对于人们来说，为了找到重要的观点，他们必须要发现问题，然后沿着证据指引的道路一直导向相应的结论。

因此，这也是教师们授课的方式。他们先给出问题，然后带着你走过各种各样的证据，一直走向引人注目的结论。应该充分利用这一事实，以"问题-论据-结论"的格式记笔记。

这一方法很简单。在课堂上记下的所有信息都应和标记清楚的问题相关。每个问题都应和一个标记清楚的结论连在一起。一堂课的笔记做好了以后，应该只包括一对对的问题结论，中间由一点点证据隔开，证明为什么结论是问题的合理答案。换句话说，你的目标是把课堂上提供的大量证据和评论填充进这清晰简单的结构中。

记住教师并不总是明确指明问题。经常，他们会直接跳到证据部分，让你推出要讨论的问题。在开始记录证据时，不要害怕写下"问题："然后先留下几行空白。一旦搞清楚了教师在讲什么，你就可以回去填满空白。

对于结论部分也是一样。有时候教师只是对结论做一些提示，而不一定会直接下结论，给当前的讨论画一个清楚完满的句号。在这种情况下，你就得自己来总结问题、证据并根据教师的提示推出结论，这是最重要的部分。形成结论的过程，就是形成一个重要观点的过程。如果在教师进行下一个问题时你未能总结出结论，简单写下"结论："，等到课堂上时间不是很紧的时候，再回来写出结论，填补空白，或者直接等到课后。

需要记住的事情：结论经常会很复杂。教师经常是在总结复杂问题时才会给出结论。比如，思考一下文学课上的一个问题："谁是20世纪最伟大的小说家"，简单的回答可能会是："海明威。"对于这一问题，证据也许会找出几点，来证明并强调海明威作品的影响力和独创性。另一方面，更有可能，一个教师还会对这一问题给出更复杂的结论，可能会是："不同的时代对这一问题的回答会是不同的，这要依赖于那个时代居于主流的学术问题是什么。"在这种情况下，证据可能就是不同时期的不同学者谈论他们最喜欢的作家的文摘，还有关于每个时代不同的学术气氛的评论等。

课听得越多，你就越善于对一个复杂问题进行总结归纳。开始时，不要害怕提问题，这可以有助于弄明白你的结论是否正确。如果你很腼腆，下课时可以直接去找教师谈，或在他办公时间经常去办公室找他，教师喜欢与学生这样交流。用这种方法可以帮你完善探究结论的技巧。

另一个重要的窍门：充分利用课上的轻松时刻。就像上文提示的那样，有些教师一个接一个地给出各种信息，我们根本没有时间记下每一个问题，更不可能及时总结出问题的结论。有时候，我们需要付出所有精力才能跟上教师讲的那些证据。在这种情况下，你就等课堂上的轻松时刻到来好了。教师讲自己的个人轶事，或某个学生提出一些意义不大的问题的时候，利用这个时间赶快返回收拾干净你扔下的东西。迅速记录下结论，理清问题，给一个个证据加上说明性的格式。实在不行的话，你也可以在课后花5分钟整理一下笔记。就像哈佛的多利斯所说的：**"课后马上大体读一下笔记，并迅速加以吸收、消化，同时，对笔记做一下更正和补充是很重要的，否则很有可能会完全忘掉那天上课讲了些什么。"**再回头复习时，你就会发现，短短几分钟的调整就会使整个事情大不一样。

最后要记住的是，根据课程不同，提出讨论的问题数量会差别很大。一个教师会用整个一堂课来讨论一个问题，而另一个教师会在一个小时的时间里讨论十几个小问题。经常，教师在一堂课上主要介绍一个重要问题，然后花一些时间探讨一些小问题，这样有助于构建一个全面的结论。同样，课听得越多，你对这些结构的直觉判断就会越好。"如果你能注意到教师讲课的大体轮廓框架，"马休解释说，"你就能预测到，教师认为哪些内容很重要。"听课的时候，注意那些停顿，往往后面紧接的就是重点。记住，教师的个人轶事往往和不太重要的部分连接在一起。

大体上来说，上面提到的这种"问题-论据-结论"的方法并不是记笔记的唯一的一种结构，你只要能找到一个能行之有效的结构就行了。记笔记时不要担心会涂得很乱，可以随意增加或删减某个问题。如果某个证据你认为就是不太适合这个问题，没关系，就这么标出来好了。通过努力把所有信息和问题联系起来，这样，在理解和内化重要观点这一点上，你就已经比大多数学生大大提前了一步。

简短的例子

下面介绍的是来自于真实课堂上的一段关于罗马帝国衰亡的概要，紧接着是学习高手如何记笔记的例子。记住：这个学生已经先记下了证据，并加了很多着重强调，后来随着老师的引导，他有了启发，又回去填充了问题和结论。还要注意证据有很多大胆的格式，有列表的格式，或文字多处使用加黑粗体，以强调其重要性。这儿没有使用连续的格式，完全是学生在压力和紧急状态之下所使用的一种很自然的格式，目的是帮助理解，并强调所提出的观点。

课堂概要

今天这次课，我们重点要谈的是罗马帝国的衰落和灭亡。罗马帝国被野蛮的游牧部落"灭亡"，从18世纪开始就一直是一个非常流行的话题。爱德华·吉本（Edward Gibbon）指出了罗马帝国衰亡的两个原因：基督教和野蛮民族。有时候，他甚至很难分清这两个原因。吉本认为，基督教更多引入的是各种迷信的而不是知识理性的观念，这造就了罗马帝国基督教的兴盛，同时恰巧也导致了帝国的灭亡。吉本认为，由于基督教徒崇尚宽容和仁慈，这为日后罗马帝国的灭亡埋下了隐患，使罗马人在面对入侵的野蛮民族时不能进行英勇的抵抗。若斯塔夫斯代夫（Rostovsteff）和托恩比（Toynbee）也抱有相似的观点，但是他们没有指责基督教徒，而是把罗马帝国的灭亡归咎于社会和政治的原因。两个人都认为在公元3世纪的某个时间，罗马的统治精英丢掉了政治和理性的头脑，反而沉迷于那些不太重要的事情当中，从而没能保持帝国的强盛，使帝国遭受到了野蛮民族的攻击。

然而，所有这些史学家们，都是从一个狭隘的地域主义角度看待公元250年～500年这段罗马历史。毕竟，这些史学家生活在一个以欧洲文化为中心的世界里，根本没有越过地中海，而只生活在西北欧。那么，他们所关注到的就是公元6世纪法国和英国的样子。事实上，在那个时候，罗马帝国只在拉丁西部有衰亡的迹象，并且即使在那儿，也只是行政上的衰落。罗马帝国不是突然的灾难性的毁灭的，而只是从公元3世纪开始罗马势力在那些地区的逐渐衰退。

概要笔记：

问题：真的有罗马帝国的巨大"衰亡"吗？

● 罗马帝国经历了灾难性的衰亡，落在野蛮民族的手里，18世纪以来流行的观点。

● **爱德华·吉本**——认为衰亡归咎于基督教徒和野蛮民族。基督教的信仰取代了英雄的美德，削弱了军事力量，使罗马帝国被野蛮民族占领。

● **若斯塔夫斯代夫和托恩比**——持有相似观点。

– 除了：不是基督教徒的错误，而是社会和政治的问题导致了帝国的削弱。

● **然而**：这些观点太狭隘。

– 他们生活在欧洲，因此他们把注意力集中于欧洲。

– 在地中海地区权力的丧失不像是人们所说得那样……那里不是真正彻底的衰亡。

结论：罗马帝国灾难性的衰亡的观点在欧洲圈里很盛行，但是这种观点言过其实……太过强调欧洲部分的罗马帝国所发生的一切。

讨论概要

非技术类课程偶尔会使用课堂讨论的形式，教师会让学生根据一个预先选定的主题或是小组主题进行讨论。上文所讲述的记笔记策略不适合这种情况。学生讨论时，不应期望有什么规整的重要观点，在讨论中只会有围绕着一个有价值的观点所作的随意评论，所以，在这种情况下，应该使用下面简化的记笔记策略：

清楚标记讨论主题。如果某个学生的观点给你启发，记下来。如果你想出一个观点也具启发性，先记下来，然后举手陈述自己的观点。积极参与会让你保持注意力。如果某个同学说的观点你认为有错误或不相关，不去在意就好了。最重要的是，如果教师插入评论，记下他说的话，然后加以强调，因为教师的观点应该还是很深刻的。课结束时，你就会有一个专题，还有围绕这一专题的很多有意思的见解，这就是你所需要的东西。讨论就是为了帮助你理清思路，还可以为你将来的写作作业提供有趣的主题。这种记笔记的方法注重的是识别自己感兴趣的观点，鼓励自己进行总结。

技术类课程巧记笔记

技术类课程讲述的内容大量使用数学公式或计算机代码，比如：数学、自然科学等等。这些课程记笔记的策略和我们刚刚讲到的非技术类课程记笔记的策略完全不同。事实上，这儿的策略更简单。就像学习高手葛瑞塔解释的："抓住问题的细节解释，记得越多越好。"换句话说，你可以忘掉重要观点。技术类课上记笔记的关键是尽可能多地记下样题解答。学习时你就会知道样题解答是最重要的资源。因此，在技术类课上，你全部的注意力应是记下教师提供的例子的准确思路，越忠实越好。让我们仔细看一下应该怎样做：

不要读课本，但课本应总是放在手边

大多数技术类课程有阅读作业。这些阅读材料通常是课本的某些章节，主要是关于具体技巧或是公式的。不要做这些阅读作业。这听起来有些不敬，但这是技术类课程的现实。为什么？因为课堂上会涉及到同样的材料。如果一个专题在教师介绍之后不理解，那么你就可

以返回阅读这些材料帮助你填补空白。这种顺序效率要高得多。然而你必须要做的是把课本带到课堂上。聪明的学生把书打开着，跟着教师的例子走。

记笔记的先后次序

完美的状况是，你会成功地抓住每一节课上讨论的每一个问题，每一个答案，以及所有的推理步骤。但是，这种美好的事情是不可能发生的。教师会讲得非常快，你无法记下所有的例子，所以你必须要学会在笔记中分出优先次序。

第一优先：记录问题陈述和答案

即使是教师讲得非常快，你也应该有时间记下问题和最后的答案。如果你仍在记分析步骤，这时老师给出了这个问题的答案就直接转到下一个题了，那你就跳过其他步骤，记下答案，也跟着转到下一题。然后在课堂的轻松间歇时刻再返回补充（要事先在未记完的地方留些空间），即使不返回补充，仅有问题和答案对今后的复习也仍然很有用。

第二优先：不懂就问

技术类课程成绩优异的学生都会紧跟教师阐释的问题，并且一旦对某个具体步骤不懂，就会紧追着问问题。这样很让人烦，是吗？有点。这能否真正提高对所介绍的技巧的理解？完全可以。如果不提问，至少可以清楚标出你对哪儿不理解。写一堆问号或在笔记本上圈出某一行，这些会对以后的复习有所帮助。但是记住，在课堂上解决的问题越多，课后要做的搜集工作就会越少。所以举手提问，充满信心，一直问下去！

第三优先：记录样题的步骤

技术类课程的现实是教师通常只对一个新技巧的第一个样题演示

得很慢，所以通常，只有这个样题，你才可能抓住所有的步骤。所以，开始讨论时，要尤其注意，不要因为随后的问题讲的很快，你无法记下中间的步骤就丧失信心。

最后一个优先：给各步骤加注

如果在某个问题上，你领先于教师，有时间可以消磨，那就对一些步骤加点解释，如记下你完成了什么和为什么这个知识很重要之类的。你所加的这些注释，在以后的复习中你会发现是非常有用的。

第二步

避免思维疲劳

大多数学生把太多的时间花在阅读作业和习题集上，这样他们经常会感觉被作业压制着。这确实是个问题。如果每天的作业控制着你的日程表，你就不会有时间余出来为重要考试和重大项目做准备。

学习高手像其他学生一样讨厌过多的作业，本节将细致讲述一些策略，激励你完成阅读和习题，把压力减到最小。遵循这些建议，作业将会由消耗精力的乏味之事变成可掌控的任务，而且你也会从中受益匪浅。

走在作业前面

大多数学生依赖于"课前一天"的作业习惯，这就意味着你直到作业要交的前一天才开始做。这一时间安排造成了许多问题，大量作业在最后时刻利用一整块时间来应付，这样，就算是原本你很感兴趣的作业也会变成枯燥甚至是痛苦的事情。如果两个或是更多作业碰巧需要在同一时间交（这种事情经常发生），你就得被迫疯狂地进行马拉松式作战，这样的作业质量可想而知。

聪明的学生总是通过每天一小块时间连续性做作业来避免这些问题。"我总会设法每周日晚上坐下来把下一周计划一下，"学习高手西蒙解释说，"我的目标是确保我不会在最忙的时候有太多的作业要做，至少我可以每天做一点。"

比如说，每星期都要交一个习题集，那么每天解一道题，一次一小时，而不要在要交作业的前一天晚上花五个小时。阅读作业也是一样，每天读一章，就能保证你永远都不会与一本教材和六罐红牛独自呆一晚上。

记住，即使被某门课的作业所困，也得继续努力。比如说，如果星期天上午已经完成了周一历史课的阅读作业，仍有多余时间，那就再读点，为周三的历史课做些准备。这并不表示应该一天24小时地疯狂学习，不要为了减轻一周的负担，就在周日晚上一直熬到凌晨2点，但如果你已比时间表提前，而且已经留出时间做其他作业，那就充分利用这一幸运的机会往前赶。一旦你已习惯每天做一点，你会发现提前于时间表的情况会出现得越来越多。

无论何时机会出现，学习高手总会使用这一策略，因为总赶在前面做作业会帮你留出更多时间集中对付重大的项目，如准备考试等。

不要什么都读

"如果所有的材料都得读，那简直就是奢望，我们大多数人是完成不了这么多的阅读的，尤其是如果你还要参加课外活动的话。"学习高手泰勒说，"确定哪些作业需要优先照顾，这一点非常重要，你需要读什么？哪些可以大体翻一下？哪些完全可以忽略不看？"李是这样说的："阅读材料数量太多了，就我所知，没多少人能全读完，那样会把人逼疯的！"学习高手克瑞斯简单陈述了他的建议："当然，没必要把课程提纲上要求的所有东西都读完。"

这些学生都强调了同一点：每堂课布置的阅读材料都能读完是不可能的。因此，记住这一点：没必要所有的阅读作业都做。学校应该在大大的铜匾上写上这样的标语，挂在校园里的每个宿舍楼上——如果新生知道这个秘密的话，很有可能会避免很多的恐慌。

当然最难的部分是确定哪些阅读材料重要，哪些可以略过不看。这种能力是从实践中得来的，听得课越多，你就越能够识别每项作业的重要程度。然而有些窍门可以帮你更早地获得这一技能。下列这些技巧皆由学习高手使用过，这些技巧可以帮助你识别哪些阅读材料很重要，哪些可以忽略不看。

比如，大多数课程，有一到两个材料每堂课都会列在阅读作业里，我们会把这类材料称为**"受宠材料"**，这通常是一些教材或是相关课程文选。这些材料通过罗列重要证据和观点，以压缩的形式来介绍该课程的基本结构。受宠材料的阅读作业永远都要读。

教师通常认为这些受宠材料要与各种补充材料搭配阅读，因为，补充材料可以给出受宠材料的来龙去脉，并且可以更加细致地分析某些观点和事件。这些补充材料经常是一些学术文章，发言讲稿，或是专著中的章节，都是些很棒的文章。但是，这些材料同时也非常消耗时间精力，没必要把所有的都读完。如果哪个星期时间很紧，那么你的策略应是选择最重要的补充材料来阅读。

当然，学生是要学习的，如果有时间能完成布置的所有阅读作业，当然应该读完。教师选择的所有这些阅读材料是因为他（她）认为这对全面理解某个专题非常重要，而且读得越多，你就能更好地理解这个专题。但是，正像泰勒先前说的，所有的都读 简直是奢望。

那么如何决定哪些补充材料要细细阅读，哪些可以大体一看，哪些可以放掉？学习高手有一个简单的等级分类：

有观点讨论的材料更重要
其次是讲述事件或人物的
然后是只提供来龙去脉，
背景知识的（比如：
发言讲稿，
新闻剪报）

处于等级最顶端的阅读材料，要求你至少要付出足够的精力识别其中的争论及观点。这些材料没必要像受宠材料那样细致阅读，但也应该花足够的时间在上面，以使自己能更好地理解论点。在等级中间的阅读材料，由于主要是介绍论据，阐明相关论点，因此适合快速阅读。等级底层的阅读材料通常可以省掉，因为课堂上教师会告诉你哪些材料很重要。因此，一定要保证你能把这些材料带到课堂上，仔细记笔记。

现在我们来看几个真实的教学提纲条目，把它们作为样本来解释一下如何实际使用这些策略。

例 1

下列条目来自于题为"现代美国的出现"的历史课教学提纲。

课次#20：越南

阅读材料：

保琳·迈尔（Maier, Pauline）等.创建美国.纽约：霍顿，2003. 952~957，968~971.

阿芒克.林登·B·约翰逊（Johnson, Lyndon B.）在约翰·霍普金斯大学的演讲，乔治·卡西亚非克斯（George Katsiaficas）.越南档案：美国和越南关于战争的看法.纽约：沙普，200~205[电子保存版]。

提姆·欧布莱恩（O'Brien,Tim）.雷尼河上.他们背负的担子.纽约：兰登书屋，1998.39~61.

让我们假设在发现这个阅读材料列表时，你的日程表马上要被满满的阅读作业淹没了。该怎么办？首先，注意到选自《创建美国》（一本教科书）的阅读作业几乎出现在每堂课的教学提纲里，所以很显然这是一个受宠材料。依照我们上文的原则，一定得读这本书里的章节。其他两项作业像是补充材料，所以，让我们使用重要性等级分类来搞清楚每项作业应给予多大程度的重视。

林登·约翰逊的演讲像是背景材料，在重要性等级分类中属于最低的一级。对于这种情况，最好的办法就是印出材料，带着去上课就是了。这样，如果教师对约翰逊的言辞进行重要点评时，你就能跟得上并且在涉及到的部分记一下笔记，但提前没必要费神细致阅读，顶多大体翻一下就好了。

提姆·欧布莱恩的节选材料来自于一部大作，那是一部半小说式的作品，描述了越战时期征兵的故事，是当年普利策奖的最终得主。如果有时间，这段节选还是很值得仔细一读的，因为很可能那是最华美迷人的部分。但如果正碰上那时你功课超负荷，就得使用重要性等级分类原则，因为这部分节选材料是事件的描述，仅仅处于第二档，所以这20页最多只需10~20分钟快速浏览一下就可以了。然而，一贯的做法是要把书带到课堂上。如果教师提及了关于这本书的具体的观点，你也可以跟得上。

应注意的是小说是很难界定的。提姆·欧布莱恩的作品对某个历史时期进行了小说式的说明，之所以在历史课上当做作业，主要是考虑了现代美国的文化构建。在这一背景下，这本书为课堂的专题讨论提供了背景，而不是介绍观点。这样，理应把它划归为重要性等级分类的第二档。然而，对于小说而言，并不总是这样。小说在它所承载的事件中，可以被用作为强有力的文化陈述和探索的工具。就这一点而言，小说就变成了受宠材料，或者至少，它升到了补充材料等级分类的顶端。比如，在政治学课程中讲解20世纪的极权主义时，乔治·奥维尔的《1984》就不是背景材料，它也不是简单地把某一历史时期融入背景，而是阐释了关于这一主题的重要观点。选择阅读材料时，要记住这一点。不管怎样，小说不应被毫无理由地轻视。英语课唯一关注的就是小说，很显然，小说阅读材料在这里就是受宠材料。像哈佛的克丽丝汀解释的那样，在这些事例中，"如果你只读概述或只是大体浏览一下，那就毁了这堂课的总体思想，所以必须要读这些材料。"

例2

这儿有个稍难些的例子，来自于题为"美国医疗政策比较"的政治学课程教学提纲。

这个例子的难点在于这门课程没有明显的受宠材料。也就是说，没有教材或文选每次都出现在课上。这种情况下，关键就是把授课题目当作线索。这一原则可以简单陈述如下：在没有受宠材料的课程里，直接点明授课内容具体主题的阅读材料可以被看作是当天课程的受宠材料，其他材料就是补充材料。

课次#4：美国医疗保险调查：克林顿的医疗保健计划

阅读材料：

阿兰·恩托文（Enthoven, Alain）.管理式竞争：行动方案.医疗事务(Health Affairs), 1998, 7（3）: 25~47.

艾瑞克·艾克洪（Eckholm, Erik）. 总统的医疗保险计划. 纽约：时报图书, 1993.7~16.

赛达·斯科坡尔（Skocpol, Theda）. 克林顿医疗计划的源起和灭亡, 医疗事务, 1995, 14(1): 66~85.

休·赫克罗（Heclo, Hugh）.克林顿医疗计划：历史观点, 医疗事务, 1995, 14（1）: 86~98.

马克·A·彼得森（Peterson, MarkA.）.医疗保健政策的政治手段：两极化时代中的马失前蹄. 玛格丽特·维尔（Margaret Weir）. 社会分水岭. 华盛顿特区：布鲁金斯学会出版社, 181~229.

在这个例子中，这次课的题目是"美国医疗保险调查：克林顿的医疗保健计划"，因此，艾瑞克·艾克洪、休·赫克罗、赛达·斯科坡尔的阅读材料应成为受宠材料，因为这三个材料都直接涉及到克林顿的医疗保健计划，应该仔细阅读。

另外两项是补充材料。因为看上去好像包含有跟克林顿医疗保健主题相关的观点，这些材料应置于补充材料重要性等级分类的顶端。因此，要求投入足够精力了解其中观点。聪明的办法就是阅读两篇文章的介绍，然后对论题做详细记录。

确认决定

永远要用授课内容来帮你确认你该选择哪些材料细读，而哪些材料你应该略过。如果教师花很多时间讨论一部专著，而你却将这部专著略掉未读（有时偶尔也会发生，因为上述这一方法并非完美），那么做好笔记，回去需要在下次考试前细细读完这一材料。一个技巧就是把略掉的材料作为下次课的作业记在教学提纲上。找一个阅读负担较轻的日子，就把它当作教师布置的作业来读。如果不清楚地安排这个材料的阅读时间，毫无疑问你会拖延，那样的话，考试前你就会发现自己还有一大堆材料要读。

另一方面，如果发现教师在课堂上极尽细致地讨论了某个阅读材料，那么课下阅读时，这个阅读材料你就不必极尽细致地去阅读了，因为有了课堂上这些信息就足够了。就像莉迪亚解释的："如果你在课堂上专心记好笔记，平时就没必要读那么多了。"

受宠材料阅读巧记笔记

我们已经讨论过哪些材料可以忽略或快读。按道理，下一个问题应是对于你决定要细读的受宠材料该如何去读。你读阅读材料时做笔记的方式会对阅读效果有很大的影响。如果记得太少，阅读作业很快就会完成，但为这些阅读材料花费的时间却是浪费掉了，因为你没有费工夫提炼出重要观点，提炼观点对复习太重要了。但从另一方面说，如果每段都详细做记录，阅读作业就会花很久才能做完。最好的折衷办法就是使用和我们前面所列的课堂笔记相类似的策略。

这一策略的核心是所有重要思想都可以简化为问题、证据和结论，这一方法对考试前的复习非常重要，对阅读作业的完成也非常有效。使用方法如下：

首先，像听课一样，在电脑上记笔记。这样将来复习时用到的话就可以更有条理，更容易参照。**其次，仔细阅读材料的开始部分**。寻找作者要回答的问题，注意这跟论题陈述不同。比如，"为什么克林顿的医疗保健计划失败了"是问题，"克林顿医疗保健计划的失败是因为商业医疗保险提供商的抵制"是论题。在阅读作业中，问题通常可以在题目中或是在前几句话的解释中找到。把问题记到笔记中，然后清楚地标记出来。

另外，找一下作者的结论（论题的陈述）。这有可能是最难的部分，因为学者们最擅长给问题提供复杂答案，尤其是在写作时。所以需要认真思考才能搞清作者的意图。在前几个段落里搜索一下，通常结论就隐藏于其中。同时看一下最后几个段落。论题经常在文章开篇提出，但在结尾，所有的支持性证据都已拿出后，论题还会有些许发展。若你认为你对结论的理解很有把握，认真记在笔记中。如果用了好几句话才抓住重点，没关系，宁可全一些。

现在轮到简单部分了：快速通读整个材料。 先不要记笔记，而是在重要段落做记号，这样可以一目了然。由于读得快，会漏掉一些要点，没关系。"只要抓住作者所传达信息的要旨，以及如何使用证据支持这一信息，你就可以继续往前读下去了。"学习高手詹森解释说。无须抓所有的事情，因为这样做的目标就是标出几个坚实的例子能证明结论是问题的答案就可以了。

一旦已经通篇略读了，返回找记号。 对于每个记号，在笔记本上简单明了记下相应观点的总结。对笔记上的每一个观点都标注上页码，以此表明出处。这一步会花很长时间。你没必要担心格式、语法正确与否，你只要把这些证据堆在笔记本里，这样做好了之后，笔记中应包括清楚标出的问题，并且紧跟着问题有五六个着重强调的证据，然后是清楚标出的结论。

这样就完成了！ 通常，一篇文章或是书中一个章节应顶多填满单倍行距的一页纸，用时不要超过20～30分钟。如果时间过长，就有可能是在标注记号时读得过慢。不要害怕行动过快，如果理解了问题和结论，所有需要做的就是提取证据把两者连接起来。马休这样解释，你的目标应是"读论点而不是读论据"。

做习题时不要单兵作战

对于技术类课程中布置的那些习题，要征服它们，也许最重要的原则是经常做，不断钻研。学习高手瑞恩说，"可以把题分成几个小部分，每次课间或活动之间做一点儿。"集中精力一天解一两个题，可以避免思维疲劳。一旦大脑疲劳，就很容易停滞，但是如果把作业分到几天里，比一下子做完用的时间会少很多。

然而，即使有很合理的时间安排，有时也很可能会卡住。这类事情发生时，使用各种可用资源帮助自己摆脱困境。在技术类课程中与同学合作是常有的事，如果允许的话，一定要充分利用这样的机会。像葛瑞塔说的，小组成员一同努力"可以极大地降低时间耗费，共同攻克难题"。确定一两个和你有同样水平的同学，经常安排时间一同做作业。碰头时间安排在最后期限到来之前两三天，这样可以有时间自己先来解题，确定出最难的几个题，然后解题小组碰面时，就会把精力集中在要解决的难题上。然而，不要在最后期限前一天才碰面，你至少要空出一天来处理作业，这样你可以重新考虑答案，修改小错误。

也应利用教师安排的集体辅导时间。这些集体辅导的意义在于帮助班级成员搞清复杂概念，解决难题。如果有时间，经常参加这些活动，去之前先要知道对你来说，哪些问题最难，挑战最大。不要害怕求人帮助。在这种活动中，你会学到很多，因为老师和同学会帮你搞懂对你来说较难的概念和观点，这会给你省很多时间。

难题随身带

难题不会顾及你的时间表。如果拿出一个小时做习题，还没法保证在这段时间里就能得出答案。只坐在那儿盯着一张白纸是不会得出结果的。

进行小组讨论，共同攻关会帮你通过这个关口。经常，如果大多数问题在你的脑子里已经有了解决方案后，再进行小组讨论就会非常有用。但一起讨论所有的问题太浪费时间了，明白这一点，你就需要一个切实的策略在不打乱时间表的同时，自己先解决问题。很多聪明的学生所使用的技巧如下：

第一，拿出一段时间熟悉一两个问题，确保自己明白问题在问什么。也许还需要复习笔记，熟悉一下相关的概念和观点。

其次，用最明显的方法解决问题。当然有时也许行不通，因为最难的题实际上都需要技巧。不过，第一个方法如果不行，至少你已经知道问题难在哪儿。现在就可以准备设法找出真正的解决方案了。

下一步，反直觉思维。现在问题准备好了，把笔记放起来，不要强迫自己得出结论，而是转向别的事情，在两个活动之间的空档再去考虑这个问题。走在校园时，在餐厅排队时，洗澡时，拿出这些问题来思考解决方案，甚至都可以出去走走，让自己把手头的问题好好考虑一下。

经常，在充分思考之后，会无意中发现解决方案。只有到那时，再返回解决问题，正式写下答案，解开这个结。为什么把难题随身带解决问题更容易，对于这个问题答案还不清楚，但无论解释是什么，这种方法对很多学生都很有效。更棒的是，使用这种方法可以节省好多时间，因为大多数思考都是在活动间歇做的，而不是占用大块宝贵的空余时间。

第一时间写下解决方案

另一个省时的解题方法就是在记下答案的第一时间正式记录下解决方案。很多学生首先草草记下答案，过后再重新整理安排格式，然后交上去。没必要走两步，这一过程会多占时间。正确的做法是第一次就慢慢地把作业做好。认真写答案，按交作业的标准马上整理清楚。然后就可以从任务列表上把这项作业划掉，要做的事情就这样又少了一件。

第三步

整理学习资源

有一个惊人的事实：大多数学习高手认为学习不是一件什么大不了的事。他们认为考试要想取得好成绩，要做很多工作，但大多数工作都已经通过确定课堂授课的重要观点，从阅读材料中提炼论点，解题这几个步骤完成了。待到考试日期临近时，剩下的就是有的放矢地复习你已掌握了的思想观点并且进行内化。但是，那些整夜不睡，马拉松式作战的学生不得不花所有的时间一点点啃出那些观点，而这本来是可以随着学期的进行早已内化了的东西。所以，忘了那些名言吧，什么学习时间花得越多，分数越高。灵活的学生懂得如果你在考试之前正在努力刻苦，那么你做错了。为考试做准备不应很痛苦，也无须很多时间。

如果你一开始就按照"巧记笔记"和"给作业降格"这两步来做，

那么学习对你来说也不应是什么了不起的大事。**事实上，在测验或考试临近时，你只需做两件事：第一，合理组织材料；第二，目标明确地复习这些材料。**这一部分将教你如何完成第一件事。别担心，整理材料本身不是一件难事，重要的是你如何采取正确的方法来操作。很多学生往往忽略了这一步，直接就扎进去复习。这样，他们注定要做很多无用功。你没必要像这些学生一样。下面的建议，会大大降低你学习的难度系数。

考前答疑

在开始针对性学习之前，我们必须先给考试范围进行定义。西蒙这样说的："你需要弄清楚教师想知道哪方面的信息。"要实现这一目标，需回答下列问题：

- 哪几堂课和哪些阅读作业（或是习题）是我们的重点复习对象？

- 会由哪几种类型的问题，每种多少题？像克丽丝汀解释的："提前知道考试会考到哪种知识是很有用的——标识点，日期，还是课文主要观点的综合总结？"

- 考试是开卷吗？

- 对于技术类课程，考试给我们提供现成的公式还是需要我们考前把公式背下来？

- 考试会有多长时间？教师希望这一考试很简单还是很难？

有些教师无须你提示就会提供给你上述问题的答案，而很多教师则不会。离考试两周前，若教师还没提及任何细节，就应该问一下。如果你很腼腆，课后再问，但要尽早得到信息，这对取得考试成功至关重要。

按专题规整学习指导材料（组织非技术类课程材料）

"我总是对制作学习指导非常着迷。"瑞恩这么说。这是我采访学习高手时经常听到的一个技巧。当然，每个学生在学习指导材料的创建上都有自己不同的技巧，但他们都差不多遵循同样的方法：

对于非技术类课程，一旦你发现哪些授课内容和哪些阅读材料是考试对象，把已敲进电脑的相关笔记打印出来，或把笔记本上的相关几页规整到一起（不要怕把笔记本弄坏）。把这些笔记归成几叠，按主要专题来分，把专题名称清楚标注在每一叠上，用夹子夹好，这样就不会混在一起，而且携带方便。最后一步非常重要，因为开始复习时，你得在一个个僻静的学习地点来回穿梭。为了简单，我们把这些按专题分开的笔记每一叠称为"一章"，因此最后的学习指导对于考试涉及的每一个专题都会有"一章"材料，其中含有阅读材料和课堂笔记。

补充整理出大习题集（组织技术类课程材料）

对于技术类课程中的习题，很多学生的学习指导方法虽略有差异，但大致相同。方法如下：

习题解答作业是复习过程的关键。把每个专题的习题集组成一叠，其中包括考试中会出现的材料。其次，除了课堂笔记中的样题之外，还需要对每个习题集进行补充。对于与将来考试相关的那些授课内容，做如下工作：

- 把课堂笔记与涉及同样内容的习题集搭配起来。

- 把这些课堂笔记上的样题抄到白纸上，没必要抄解题步骤或是答案，就抄问题即可。

- 在这些纸上标注上授课日期。这样，以后复习仍然能很清楚这些问题出自何处。

- 把这些纸与上面第一步做好的习题集夹在一起。

也就是说，这一过程通过增加笔记上抽出的习题，把原来的习题集转变成了大习题集。方法很简单。

最后，用技术性解释问题扩充大习题集。什么是技术性解释问题？就是，对于大习题集的每一个主要专题，把解释专题基础知识的问题写下来。比如，像葛瑞塔描述的，"我会给经济学课程每堂课做学习活页，然后加上一个概括性问题，如：政府增加消费降低利率时会出现什么状况？"或者，每一堂化学课会集合出一套习题题解，其中很多问题要求列出某些化学成分的分子结构。这种情况下，需要在旁边加技术性解释问题，"解释列分子结构的一般步骤，为什么有用，以及哪些特殊事项需记住"。

在样题旁补充技术性解释问题很重要，因为这样会有助于发现你是否理解基础概念和观点，或者是否记住了某些问题的解题步骤。

最后一项提示：如果教师在考试之前要举行模拟考试的话，复印一份，储存在大习题集里。对于技术类课程，样题模拟考试是很棒的复习工具，复习时一定要带在手边。

准备记忆助手抽认卡

无论是技术类还是非技术类课程都有一些要求记忆的东西——公式、化学方程式、艺术作品、日期或是年代表，效率最高的方法就是用抽认卡来记信息。几乎我采访的所有学习高手都用抽认卡帮助进行机械记忆。还好，这种方法很简单。买一沓索引卡片，问题提示写在一边，答案写在另一边，但是建卡片所用的时间比想象的要长，所以要提早开始准备。如果可能的话，这项工作在计划正式开始复习之日前一周开始。这件事无须动脑，可以看着电视做着卡片，所以提前进行，一点一点地做完就不会很难。

巧妙计划时间安排

不要在做计划当天开始复习。这是很多学习高手都用到的重要策略。复习时，你希望大脑精力旺盛，如果在组织材料的当天开始复习，大脑就会非常疲劳，两项工作都不会有效完成。因此把两项任务分开，会效率更高，用时更少，而且结果也会更好。

第四步

如何有效记忆

现在开始讨论正题。采用本书介绍的方法一段时间以后，你记了漂亮的笔记，从作业中得到了启发，并且确定了考试范围，整理好相关信息存在了学习指导材料或大习题集里。抽认卡也已整理好了，现在开始准备使用了。这时，你可以放松了，复习的时间到来的时候，没别的事情要做，我敢说，就只剩下复习了。

复习是考试准备阶段学生最容易确定的事情。大多数学生因为对复习的理解出现错误，在这一步上花了大量时间。我敢相信你不会是其中一员，至少以后不会再是。在复习上，你所要做的事就是让这一步尽可能少用时间，让它的重要性降低，从而减少你的痛苦。所以，不要着急，你以后不会再熬夜了。

接下来就是开始利用这些强有力的方法高效复习这一大堆复习材

料，并把重要观点印在脑子里。这些方法立竿见影，效果稳固。尽管用，不必犹豫。

信赖提问记忆法并不可行

无论是历史还是数学，你要想把关于这些学科的概念和观点印在脑子里，最有效的方法就是先复习，然后设法不借助任何帮助，用自己的话进行解释。如果你能闭上眼睛，一点点清晰地叙述出论点，或是盯着一张白纸然后毫无错误地重新演算出解题方案，这些观点就会牢牢印在脑子里，不会跑掉了。

仅仅仔细从头读到尾，这种方法是不对的。被动复习和主动创造观点是很不一样的。多数学生都会犯这个错误，那就是只依赖于被动复习。他们一遍遍地读笔记和作业，认为读的遍数越多，记住的就越多，但正像瑞恩告诫的："仅仅一遍遍从头读到尾根本行不通，需要做额外的努力才能将知识记到脑子里。"

非技术类课程使用提问记忆法

要把提问记忆法应用到非技术类课程材料上，**首先需要在学习指导材料里为每章建问答题作为练习**。幸好，这些问答练习题都有，如果依照第一步和第二步的建议，所有笔记都是"问题-论据-结论"的格式记录的，那么，每一章要提问的问题可以只包括每一章笔记里的所有问题。这里可以灵活一些，如果笔记中包括一些面太宽的问题，比如整个一堂课涉及到的是一个问题，那就分成几个小问题，这几个小问题可以涵盖所有相关的知识点；另一方面，如果笔记中包括有许多小问题，可以把一些小问题综合成一个大问题以节省空间和时间。

这一过程没什么技术可言，目标就是造出一些练习性问题以涵盖相应章节的材料内容。如果你能回答出所有问题，说明你已理解了所有的重要观点。

一旦已建立起了问题库，就一个一个地进行练习。对于每个问题，尽量清楚表达其结论，并突出强调支持性证据的重点部分。要做的就是对重要观点及其证明进行合理总结。

有一点非常重要：这些事不要只在脑子里做。如果旁边没人，用完整的句子把答案大声说出。莉迪亚说："我发现四处走着，大声把这些东西说出来是一种特殊的记忆方法。"如果有可能，那就像授课一样来做一下。按照莉迪亚的建议，四处踱步，讲出答案。给自己鼓足劲，放点背景音乐，当作大事来做一下。把自己的学习指导材料设计得轻便些，这样就方便携带，找个地方自己学习就不会很困难。对于这关键一步，可不要考虑图书馆。我过去是在校园的小路上来回走着做这种复习的。我所采访的一个学生是在跑步机上做这种复习的。要有创造力，学习不只是坐在书桌前，一坐就是几个小时。

然而，如果只能跟其他人坐在一起复习，那就需要安静，这时可以写下答案来。"写字这种身体活动加上大脑对材料的管理就足以把事情搞定。"学习高手米莲妮这么说。没必要把自己的回答规定得那么完美既要拼写正确又要语法无误，但一定得包括所有相关信息，这一点毫无捷径可言。如果既没说又没写，那就不能看作是全面复习。

其次，在回答有困难的问题旁做记号，然后看一下学习指导材料记住正确答案。稍事休息。

现在再重复第一步，只是这次只需回答第一轮中做过记号的问题。对于仍然回答不好的问题再做新记号。重看笔记记住正确答案，稍作间隔，再回答第二轮中没回答好的问题。

重复这种方式，直到最后没有问题再标有新记号了。 到这时，就可以说你已经大功告成了！

这一方法的威力就在于它的效率。在理解最透的问题上费时最少，最难理解的问题上花的时间最多。这一方法目标明确，一旦一轮完成没有任何记号，就可以结束了，不会多浪费一分钟！

很多学生会感到心神不安，因为这一方法用时太少。他们认为应该一直复习这些问题，一遍又一遍的重复，直到最后考试时刻的来临。没必要！提问记忆法力量强大，不需要依赖同一信息的多遍重复。一旦能够用完整句子大声清楚地说出答案或用笔和纸清楚地写下答案，这就说明答案已经印在脑子里了。像克瑞斯说的："（提问回忆法）用时比我们想象的要少得多，你只需用一天来制作问题，再用几个小时复习就行了。"

技术类课程使用提问记忆法

提问记忆法应用于技术类课程中很简单。大习题集已建起来了，现在你要做的只是解题。先从技术性解释问题开始——先考虑基本概念，这样下面的样题解答起来就会很简单。就像非技术类课程一样，尽量清楚地回答每一个问题。如果可能，就像讲课一样大声做出解释，否则就清楚写出答案。不要漏掉任何重要细节。

技术性解释问题做完之后，进行样题解答，设法答对每一题。"我不只是读材料，"学习高手华拉森说，"我还要写下来重要的方程式和概念。"解答不必像真正的作业那样细致，但你要知道自己在做什么。如果你没法确切解释如何从问题得出答案，说明你还没理解这一问题，对自己诚实点：如果你只是在回想记住的答案，那说明你还没准备好在考试中应对新问题。

像前面一样，在难住你的问题前做记号。复习解题方案，稍作间歇。然后重复这一过程，这次只是回答上一回做过记号的问题。按照这一方法做下去，直到最后没有新记号，这样就算完成了。

多利斯对技术类课程备考做了进一步说明："如果教师会从以往考试中抽题考试，这是很好的可利用资源。"要做这一步，得等到提问记忆完成之后，做一次模拟计时考试，对自己做个最后检查，确定自己是否已理解了考试要求的概念和观点。如果在这次练习中，仍有几个问题有困难，说明前面的复习有问题，需要重新复习材料。再做一轮问题回答，这次要确保理解每一个步骤。如果仍有问题，就该向同学或教师求助了。

记忆随时随地

如果有些材料需要记忆，如日期、艺术家、年代表、公式，那没有捷径，就得使用抽认卡一遍一遍记，直到没任何问题为止。

记忆尤其依赖于脑力。如果八个小时一直做下来，希望记住所有的东西，这种方法行不通。但是如果一天只背一两个小时，一次一个小时，却可以实现。所以把记忆的任务和其他复习任务分开。把记忆的任务分到多个时间，绝对不要一次拿着抽认卡做的时间太长。米莲妮回忆她的同学"会抓住任何机会做卡片复习，如吃饭时，在等待电子邮件发送成功时"，这是完成枯燥任务记住必要事项最有效的办法。

第五步

快速消灭问题

学生们大都有过糟糕的考试经历，过程也不外乎如此：第一道题不费吹灰之力，时间也还绰绰有余，一切似乎都进行的顺风顺水。但是，突然间，拦路虎跳将出来——某道题横亘在你面前，任你绞尽脑汁也无从下手。不答吧，最后的分数必然会受到影响；答吧，似乎又只有死死盯着它，苦思冥想却依然找不到一点思路。与此同时，解答其他问题的时间也悄悄地流逝了。良好的感觉不复存在，焦虑和恐慌取而代之——这就是一次可怕的"考试事故"。

人们普遍以为，"考试事故"不可避免，正所谓"人无全才"，每个人都会遇到各种各样棘手的问题。那么，让我们马上进入第五个步骤的学习，你就会明白，这种说法的真实性是很值得怀疑的。

学习高手们都有一手应对难题的好本领，就好像是他们曾专门投资购买了一份"考试事故险"：绝不让课堂上那些一时漏掉的疑难问题再次出现。事实上，**这种"保险"无非是这样一个小小的策略：消灭问号**！要想降低"考试事故"的风险，只有时刻牢记这一策略，并不断将这一策略付诸实践。

消灭问号

第一步已经讲过若干做课堂笔记的技巧。如果你还记得很清楚的话，我们应该这样做：凡是课上没有真正弄懂的内容，在笔记中，就要在这个内容的旁边打上一个问号。无论是上哪门课，这样的情况都会偶有出现。有时候可能是你一时走神，有时候则是由于教师旁征博引，反而没有对最初涉及的内容做一个明确的阐释。

这些问号的危险性不言而喻。克丽丝汀指出，一旦错过了课上的某项内容，"你就是拿考试来赌博"。不难想象，如果到学期结束，若干问题还始终没有得到解决，笔记中累积的问号可就数目可观了！可是复习的时候，又总感觉弄懂了的东西和需要复习的东西远比这些问号多得多，于是这些问号就干脆被忽略了。等你信心百倍地走进考场，天哪！某道问答题，恰好就是关于其中一个问号的内容，正恶狠狠地瞪着你！

要避免类似状况的发生，唯一的方法就是干掉这些问号，而且，一定要及早动手！如果考试前才临时抱佛脚，恐怕你花在这上面的时间就得翻几倍了！复习时才重新查找资料，寻求帮助，是那些中等生才会干的事，而你应当不在其列。

那么，聪明的做法是：这些问号，来一个，解决一个！正如学习高手罗伯特所言，开始学习的时候，就应该"至少对考试可能涉及的每一项内容都有个大概的了解"。不妨按照如下的四个方法来做，它们可以有效地帮助你避免一些似是而非的概念，也可以在学习的时候，让你对每一个相关的考试内容都有所了解。只要坚持不懈的做下去，你一定会收到理想的效果。

当堂提问

"有问题的话，我一定会当堂提问，尽早弄清楚。"华拉森说。如果误过了某个内容，要马上举手向老师询问。当堂提问越多，日后复习所需的工作就越少。

培养课后与教师做简单沟通的习惯

"遇有不懂的问题，课后向教师询问或给他发电子邮件。"詹森有自己的方法。这是再平常不过的方法了。铃响之后，大多数教师都会在教室里逗留5～10分钟，来回答学生们的问题。一定要抓住机会，铃声一响，立即起身，看看教师能帮你消灭多少这节课遗留下的问号。而且，教师解答完毕，还要立即修改笔记，以免过后又忘掉。可是这样做会不会有"拍马屁"之嫌？当然不会！那些拍马屁的人只会告诉教师他们对课上的哪些部分感兴趣，或者故作聪明地发表他们关于当天内容的"高见"。而你却完全不同，这些有针对性的问题只会让你看起来更有头脑更聪明，而不是可怜兮兮，一副傻样。

请教同学

如果问题还没有得到解决，詹姆斯推荐给你另一个好方法：请教其他人。下了课就拦住你的某些同学或给他们发个电子邮件，只要他们听懂了而且记忆犹新，不消几分钟时间就可以给你重新讲述一遍。

别错过任何复习课（如果有复习课的话，当然，你也得有备而去）

考试之前，很多课程都有正式的复习课。千万别错过。去之前，简单记一下笔记中尚不确定的内容，复习课上就大胆向教师询问。你也不必担心会不会占用教师太多的时间，事实上，因为复习课鲜有同学提问，教师反倒会欣赏你的勤奋呢。

上述各个方法的目标，就是帮助你消灭问号，而无须花费额外的时间。不过，如果你已试过各种方法却无一奏效的话，救命的稻草就是快速浏览了。考试在即，你已经没有太多的时间来重新收集资料，解决剩余的问号，更何况，这样做无疑需要太多的精力（记住：学习高手从不会在学习上花太多的时间）。因此，一定要快速浏览手头已有的资料，一旦出现相关考题，好歹能做个回答，最坏的打算也是不至于交白卷。当然，这种情况的危险系数还是大了些。勤勤恳恳，按照上述四个方法，从学习一开始，就尽早去减少累积的问号数，才是最明智的做法。

第六步

考场技法攻略

步入考场是我们的学习高手培养体系中的最后一步。很多学生错误地认为，只要准备充分就万事大吉，参加考试也不过是炫耀一下自己已经掌握的知识而已。这种想法无疑是危险的。要知道，即使是准备再充分的学生，也可能会因为考试技巧的欠缺而考砸。

造成考试失败的因素有很多，最普遍的是如下两种：

- 时间不够。
- 答案虽然详尽但不切题。

事实上，这两种因素往往彼此牵制，要全部避免可谓是难上加难：一方面，想节约时间，就不可能详尽地作答；另一方面，一旦试图详细地回答某个问题，解答其他问题的时间又不够了。

这种情景听起来很恐怖，实际上却并非如此。只要方法得当，完全可以消除考试恐惧感，也能够在考试中正常发挥自己的水平。学习高手在考试时，只要不是画蛇添足，就会尽可能详尽作答。严肃认真的对待每一次考试，这一点可以完全从他们始终优异的成绩中反映出来。

我们将他们的经验和建议浓缩为五条。这五条建议构建出了一个综合性的应试方法体系，指导考生们如何应对大大小小的每一次考试。坚持实践，你同样能够在考试中如鱼得水，将自己练就成为一台性能优异的"考试机"——沉着、冷静、自信、高效，逐题攻克，最终取得满意的成绩。

策略1：先审题，再作答

罗伯特这样传授他的经验："我总是一开始就把整个试卷浏览一遍。"不管什么考试，首先迅速浏览一下卷面上的所有题目都不失为一个好方法。如果只有一道问答题或所含问题相对较少的测试，要仔细阅读每个题目；如果是多项选择，或问题较多，**就快速浏览一下，看看考哪些方面的内容，做到心中有数。**

浏览完毕，试卷的题量和难度就基本了然于心，大脑也会迅速回忆起与题目相关的内容。"先浏览一下全部题目，"安娜说，"这样，即使当前你正在回答某个问题，大脑也会调用所有其他问题的相关内容备用。"也就是说，考试时，大脑的一部分会集中在当前的问题上，而与此同时，它的其余部分则开始逐一回顾与下面题目相关的内容。答卷的速度也会因此得到大幅度的提高。

提前审题的另一个，也可能是最重要的一个好处，**是使自己得到放松**。事实上，监考老师分发试卷的时候，压力就开始在考生的心中扩散了——不胜则败啊。几个月辛苦的准备为的就是这短短的一两个小时，答好了，艰辛的付出得到回报；反之，所有的辛苦就全部付之东流！此时，你难免会自问：准备充分了吗？会不会忘记了什么重要内容？万一出现毫无准备的题目怎么办？一字不答，又会怎么样？想着想着你可能就汗湿衣襟了！

那么，要减轻这种压力，就应该提前浏览一下整个试卷，从而放松自己的心情。这可能与实际的答题无关，但却能使你形成一个全局的感觉，做到心中有数，不慌不忙。浏览完毕，你可以告诉自己：我行！没什么难得住我的！于是心跳减速，自信回归，压力竟然也不知不觉消失了。现在，你需要做的，就是集中注意力来写出最佳的答案。

策略2：合理分配时间

无论在考试的什么阶段，都必须清醒地记得每一道题目应该占用多久的时间。多利斯对此深有感触："我分配给每个问题的时间都是相当固定的。"合理的分配可以避免时间不够的麻烦，这样你才会集中注意力解答某个问题，而不至于浪费时间。

要时刻利用好时间，必须制订一个时间分配表。首先，在考试的总时间里减去10分钟；然后再将剩余的时间合理地分配给每个问题。再下一步就是根据考试的类型确定如何具体分配时间。

如果试卷仅有几个问题，在每一页上标上预定开始和结束的时间。如果问题较多，就把它平均分成四个部分，然后在每一部分上都标上开始和结束的时间。无论哪种情况，你都可以借此时刻了解答题的进度，确保答题的效率。

为什么要首先减去10分钟呢？这10分钟就相当于一个可靠的缓冲保护。答题完毕，利用这10分钟来检查答案，查漏补缺，刚才回答比较匆忙的问题也可以得到尽可能的补充。

策略3：由易到难

学习高手们几乎从来都不按试卷上的顺序来答题。多次的考试经验已经证明，**最有效的答题方法莫过于从最简单的问题入手**。你也不妨效仿此法，从容易的着手，难度稍大的次之。不必担心这样会打乱整个试卷——大多数情况下，原有的题目并不是彼此相关的。

这样，你就可以在有把握的问题上投入足够的时间和精力，确保拿到最多的分数，同时，这也有利于你解答难度稍大一些的题目。让我们听听瑞恩是怎么说的："如果遇到棘手的问题，我会毫不犹豫地跳过去，这样，回答其他问题时，我依然头脑清醒，没准还能得到一些有关那道难题的提示呢。"

通常，一旦考试刚开始就遇到"拦路虎"，考生们就不可避免地紧张起来。要答的问题还有一大堆，可就在你盯着一道题抓耳挠腮的时候，时间也一分一秒地流走了，下面的问题，即使非常简单，恐怕你也很难再集中注意力了。

相反，如果在答完其他题后，再回头解决刚才的那个"拦路虎"，也许它就不再那么面目可憎：你已经解决了所有其他的题目，此时此刻，万事俱备，只欠东风——只差这一道了！心态放松了，刚才还严重塞车的大脑居然也开了窍：就算找不到最佳的，也完全可以找到一个较为合理的答案嘛。剩余的时间你还可以进一步思考，完善答案。

别忘了，就你的准备情况而言，这已经是最理想的结局了！

策略4：列一个答案提纲

回答问答题的时候，千万不要急于动手，因为这样出来的答案凌乱且容易有遗漏。最好的方法是先列一个大致的答案提纲。这一步看似浪费时间，实则不然：**其价值可能是不可估量的。**

首先，再审一次题。马休说："一般情况下，我们都能把一个大的问答题分成三四个小问题。"把这些小问题用下划线标出来，据此迅速勾勒出一个提纲，就可以避免答案的不完整。"然后，在试卷上（而不是在脑海中）列出回答这些小问题的大致方法。"马休继续传授他的经验。只需在试卷的旁边简单写下各个小问题的答案要点即可。记住，为节约时间和卷面，写下要点关键词就足够了。例如，一个名叫罗伯特·卡罗的作者就林登·约翰逊的种族关系观点写有一篇评论，如果要从该评论中引用某段内容，只需写下"卡罗-种族"即可。

下一步，再回头检查一下第一步中标出的那些小问题，确认刚才写下的要点覆盖了每一个问题。确认无误，按照预定的顺序给这些要点标上序号。

好，现在你就可以开始正式书写答案了。按照提纲的提示，有序作答，每一个准备好的要点都要写入答案，并及时检查有无疏漏。

策略5：检查答案

克瑞斯对这一点很有经验："答题完毕，我总会检查一遍所有的答案。"幸运的话，考试结束之前，你还会有一点多余的时间，那就听从克瑞斯的建议，再来好好检查一遍所有写好的答案。你可能会有吃惊的发现：要不是又检查了一遍，还真不知道自己竟然犯了那么多的错误，或者写漏了某个重要的概念等等。

检查完第一遍仍有剩余时间的话，不妨再复查一遍。对于还是不太有把握的问题，再好好想一想，修改答案，力图使其完善。问答题的话，可以使用箭头来添加一些新的必要的论据。内容的充足要远比形式上的整洁更重要。

或许，答卷完毕，昂首挺胸地走上前，在众人的注视下将试卷交给老师，也可以让人小小地满足一下虚荣心。但是，就算是能赢得同学们羡慕的眼光，又有什么用呢？还不如老老实实地呆着，一遍遍地检查卷子直到考试结束的铃声响起。而这，也恰恰是学习高手与那些成绩始终处在中上游的学生之间的又一个差别。

付诸行动的成功案例

现在让我们来看看如何在实践中运用第二部分中讲述的各个步骤。从下面的两个个案分析中，我们将会看到两位学习高手分别是怎样准备考试的。你会发现他们都要同时准备几件事：周一朱莉不仅要参加期中考试，还得交上一篇作文；而迈克尔直到考试前两三天才有时间开始复习。

关键就是看他们将如何灵活应用各种方法了！而这也正好是这两个个案分析带给我们的最大的启发：要想使学习技巧真正地切实可行，除了把它与个人的实际情况结合起来，别无他法。

个案分析一

朱莉的历史课期中考试

朱莉的历史课总成绩由三部分组成：期中考试、期末考试再加一篇作文。因此，即将到来的期中考试成绩对她来说是相当重要的。我们来看看朱莉备考时的时间表，就会知道她是如何在有限的时间内合理安排，事半功倍。

星期一距期中考试还有两周

上课之前，教师提醒大家期中考试在即。朱莉立即抓住机会，举手问教师此次考试的范围和形式。教师透露了如下信息：

● 试卷主要由问答题组成。范围较广，但同学们可以参考阅读材料备考。

● 还有一部分是排序题，要求学生将课堂上学过的一些历史事件按照时间顺序重新排序。

教师讲述完毕，朱莉立刻心中有数，并马上勾勒出了一个大概的复习计划。但不巧的是，期中考试那天，她正好还得提交一篇作文！利用考前那个周末来突击的计划泡汤了（大多数学生都是这么干的），朱莉必须提前制订一个完整的复习计划。

朱莉马上决定这个周末就开始复习（距期中考试一周多的时间）。这两天，她准备专门整理一下所需资料，当然，这个无须太多时间。下周就开始具体的复习，任务分块，按部就班，保证复习进程不会与其他课程的学习相冲突。再抽不出更多的复习时间了，因为临考前的那个周末是没有计划在内的——那是专门用来准备作文的时间。

根据第一部分的建议，朱莉在自己的日程表上详尽地做了标注，每一天应该完成的任务都写得清清楚楚，没有一丝马虎。

星期六距期中考试还有九天

朱莉是个大忙人。几乎每个周末她都有大量的作业要做，晚上还要去参加一些社交活动，剩下的时间实在是少之又少。

谢天谢地，本周末要整理的历史材料并不是很难（朱莉还希望抽一点儿时间出去放松一下呢）。看看日程表：今天（星期六），要把所有相关的笔记都打印出来，再准备一下排序题需要的抽认卡——把需要背诵的内容记在卡片上；明天（星期日），整理一下笔记中的测验题。按照日程表上的安排，午饭前，朱莉花了一个小时把所有课上的内容都打印出来，又把期中考试之前的笔记看了一遍。随后将打印稿整理好，分类放入文件夹，就放心地出门与朋友共进午餐了。

下午，朱莉又花了半个小时的时间，继续准备抽认卡。还好，课上讲过的主要历史事件都能在课本中找到。翻一翻这本书就能迅速列出一个历史事件简表，而无须再去翻阅那些厚厚的阅读资料了。浏览课本时，只要碰到相关的事件，朱莉就马上把它们的名字记在一张抽认卡上，并在旁边标上日期。

星期日距期中考试还有八天

清晨，睡眼惺忪的朱莉挣扎着从床上爬了起来（昨晚又玩到很晚），稍事梳洗，带上笔记本电脑和昨天打印好的资料，就冲向了图书馆——她最喜欢的学习场所。当然，她也没忘记一大杯咖啡。因为是星期日，时间又尚早（起码要比一般的学生早），图书馆空无一人——正中她的下怀。

坐定之后，朱莉按内容把笔记分成几叠。个别笔记涉及不同的内容，没关系，这只是初步的分类。全部资料被分成了六叠，期中考试就指望它们了！

接下来，朱莉开始翻阅第一叠资料，同时把曾经做过的测验题敲入电脑。有时候她直接从笔记中把问题抄下来，有时候则是记下一个覆盖若干小问题的大问题。不过，怎样选择问题并不重要，关键是这些问题都会或多或少地涉及到笔记中重要的知识点。约一个半小时之后，前三叠资料中的问题被轻松搞定，也正好到了享用午餐的时间。

午餐过后，朱莉回到图书馆，接着整理剩下的资料中的问题。全部搞定，剩下的工作就是打印，然后再将它们分类放回各自的文件夹中。

这一天朱莉的目标仅仅是整理资料，但实际上，在重新查找和整理问题的过程中，她已经无意中将所有相关的资料都快速浏览了一遍，这就相当于，她同时开始了各部分资料之间的组织和系统化——复习中另一个同样重要的步骤。

从星期一到星期五距期中考试还有一周

根据日程表的安排，周一这天，朱莉花了两个小时来掌握前两套测验题。舍友们都出去后，她开始了自己独特的"排练"：在宿舍里一边踱步，一边大声朗读各个问题的答案，自导自演，自得其乐。周二，背了45分钟的抽认卡；周三，又花了两个小时掌握后两套题；周四，又是一个小时的背诵；周五，剩下的两套题又花去了两个小时的时间。

期中之前，朱莉已经按照第五步中所提的建议及时消灭了所有的问号，但复习时，还是有许多问题的答案不能令她十分满意。于是，她把所有拿不准的问题又抄了下来，发誓一定要在考试前彻底将它们消灭掉！

星期六距期中考试还有两天

本以为周末之前就能完成所有的复习，但没想到这周会忙成这样，所有朱莉还得继续。因为还有一篇作文等着她，能花在复习上的时间就只剩一个小时了。这一个小时，朱莉用来投资"考试事故险"：她把所有拿不准的问题都通过电子邮件发给了同学们，没准他们会有很好的答案呢。

当天晚上，大部分悬着的问题都有了答案，详尽程度不同，朱莉也不尽满意，但至少一旦考试中真的遇到这些"坏家伙"，她决不会打无准备之仗了。

星期一考试之日降临

注意到了吗？周末的时候，大多数的同学都在埋头复习，而朱莉不过是发了几封电子邮件而已，心思却放在了作文上。考试这天，该准备的差不多都准备好了，清晨，她也不过是又翻了翻抽认卡，随便看了几道题，再答上几道题来提高自信。只等步入考场大显身手了！

试卷终于拿到了手上！朱莉头脑冷静，不慌不忙。首先，她浏览了一下排序题，轻松过关。看来，那些抽认卡还真是帮了大忙！下一步，是四道问答题。先浏览，再将问题的难易程度排序并分配时间，然后逐个作答。复习过的那些测验题也令朱莉受益匪浅：她的答案行云流水，得心应手。复习内容烂熟于心，下笔前又列了答案提纲，每一个问题都回答得详尽完整，有时候，她竟然能一字不差的全部回忆起笔记中的内容！

考试成绩

排序题完全正确，问答题详尽完整，得到一个"优秀"的成绩自然也就在情理之中。当朋友们看着"良好"的成绩皱起眉头，喋喋抱怨他们把整个周末都浪费在复习上时，朱莉缄口不言，有谁知道，她不过是在考前的周末才花了一个小时，之前的日子也只花了几个小时来复习而已。

个案分析二

迈克尔的数学考试

迈克尔正在上数学课程，虽然他很快就承认自己并不喜欢这门课程。很多学校都要求学生至少上一个学期的数学，迈克尔也就无从选择了。这门课的总成绩来自：三次考试和平时解答的一些题集。下面我们就来看看对数学毫无感觉的迈克尔如何应用我们的方法来弥补自己的不足，照样取得优异的成绩。

星期一距第一次考试还有四天

不到一周的时间，迈克尔就要参加第一次数学考试了，你可能会想到，此时，朱莉已经准备得差不多了。但是别忘了这三件事：首先，这次考试可不像朱莉的期中考试那么正式，那么重要，考试范围仅是全部课程的三分之一，而且迈克尔的总成绩还要靠另外两次考试和许多题集来决定呢；其次，有时候人们还真会疏忽了考试时间。当然，如果你能采取第一部分的建议，这种情况是可以避免的。但是，要记住，即使是在时间很紧的情况下，我们的学习高手培养体系也依然适用。最后，朱莉还必须在考试的当天交上一篇文章，所以她自然会特别上心。

迈克尔无须向教师询问考试的范围。数学教师们都讲求精确，在开学时发给大家的教学进度表中，有关考试的情况早就交代得清清楚楚。唯一一点要注意的是，这次考试的内容甚至还包括教师刚刚批改完毕发还给他们的最后一次的题集。

迈克尔自然也有很大的压力。但是，因为非常熟悉我们的体系，他的压力得到了有效的缓解，当天晚上他就准备着手收集和整理资料。我们现在来看一看具体的步骤：

这次考试将涉及前四周的课堂内容。每周，迈克尔都要解答一个题集，所以现在已经有四个教师批过的题集，供他建立自己的大题集。第一步是从笔记中找出例题，添加到现有的题集中。按照第三步的建议，他为每一周的课程都准备了一大张白纸。随后，迈克尔开始翻阅笔记，只要碰到例题，他就马上在相应的白纸上记下来。注意：迈克尔可是个勤奋的学生呢，他在每个问题的旁边都细心地标上了教师讲解这道题的具体时间。这样，复习的时候，他就能按图索骥，不费吹灰之力即可在笔记中查到答案。最后，迈克尔将每张纸都附在了相应的题集后面。

现在，迈克尔就有四个大习题集了，每个大习题集包含一个批改过的题集和一张写满例题的大纸。

最后一步的工作是整理一些技巧性的问题。例如，第一周的课程主要讲述导数，迈克尔就在第一套大习题集里写下："讲解导数的定义、表述对象以及根据函数求取导数值的基本步骤。"

记住，这些框架性的问题是相当重要的。没有这些问题，你或许还可以记住一些具体的问题，但却学不到解决这些问题所需的技巧，考试中一旦遇到稍新的题目就不知所措了。

因为考试仅涉及前四周的知识，所以整理工作只花掉了迈克尔一个小时的时间。想到不宜在同一天进行整理和复习，迈克尔立即收工。

星期二距考试还有三天

上午11点有课。为了能在课前抽出两个小时的自习时间，迈克尔8点半就从床上爬了起来。下午和晚上都已经安排得满满的，不早起的话恐怕就没有自习时间了。迈克尔坚定地奉行"早完成，早放心"这一黄金原则。

9点钟，迈克尔已经置身于他心仪的学习场所了，这是一个小图书室的顶楼，此处光顾者甚少，因而格外安静。肚子里是暖暖的燕麦粥，手边是浓香的咖啡，迈克尔准备妥当，即刻开始工作。

现在是通过例题复习的时间了。迈克尔必须集中精力解答大题集里面的每一个问题。他把每一个重要的解题步骤都认真地记到了一张便条纸上。凡是需要进行阐述的问题，迈克尔这样来处理：一边在书架间踱步，一边默念相关的答案。第一轮复习完成，他小憩了10分钟，接着开始对付那些棘手一些的问题。终于，所有的问题都被成功地解决掉了，答案精确，效率极高：较难的问题花去了较多的时间，而较简单的问题花费的时间也较少。

星期三距考试还有两天

再有两天就要考试了，迈克尔还有三周的课堂内容需要复习。他把一天的时间分为两大块，上、下午各一块，每一块两个小时。中午迈克尔需要休息一下，给大脑充充电，过度疲劳会降低效率。

和上次一样，迈克尔把上午的两个小时用来解决第二个大习题集。每一轮解答过后，都会剩下几个比较难的问题，但总的来说，这样的问题越来越少。

在下午的两个小时里，迈克尔又成功地解答了第三个大习题集。这些是刚刚学过的内容，所以一个半小时就搞定了。他可不打算把剩下的半小时也花在复习上——今天的任务已经圆满完成！

星期四距考试还有一天

明天就该考试了。迈克尔自我感觉良好，他已经复习完了四分之三的内容。就在大多数同学打算把一整天的时间（没准儿还包括夜里呢）都用来搞突击的时候，迈克尔只需再花上上午的两三个小时就足够了。

因为记忆犹新，最后一个大习题集仅仅用去一个多小时的时间。按照第五步的建议，剩下的时间里，他重新浏览了一遍笔记，看看是不是还有疏忽了的有疑问的内容。凡是遇到这样的内容，他就在旁边精确地做出标注："下面这道题（2005年9月28日课上）的第四步尚未明白……"随后，他马上给一个数学天赋极高的朋友发电子邮件，询问是否可以前去请教。朋友答应了。

当晚，迈克尔就出现在朋友的宿舍里。不出所料，这位朋友双眼迷糊，正趴在一堆笔记中间。他才刚刚复习了几个小时，看来整个晚上都得搭进去了。他帮助迈克尔澄清了疑问，随后就抱怨学习是多么得劳心费神。迈克尔点头附和——纯粹是出于礼貌罢了，他才不会提及，今天早晨到现在他还没怎么看数学课本呢，晚上就更不打算花时间去复习了。

星期五考试

如果还有模拟题的话，今天早晨无疑是最佳的答题时间，迈克尔神清气爽，头脑灵活，做做这样的模拟题，既可提升他的自信，又可在真正的考试前进行最后一次的查漏补缺。

不过迈克尔手头还真没有模拟题。他只好又花了45分钟时间，大概浏览了一下所有的复习资料，并大声地朗读昨晚复习过的疑难问题的答案。最后一步，过一遍最难的问题。复习完毕，迈克尔信心大增，万事就绪，就等着考试开始了！

关键的一刻到来了！手持试卷，迈克尔按部就班开始答题。首先，按照问题的难易程度进行排序，分配时间。开局不错！简单的问题一步到位，答案简洁明确。还有一大把时间。接下来就是若干较难的问题了。拦路虎出现了！有一道题着实让迈克尔为难，无从下手。时间一分一秒地流逝着，紧张开始分散迈克尔的注意力。

幸好，他马上就意识到：绕开它！深呼吸，下一道题。不错，这道题比较容易。答案虽算不上十分满意，但至少复习到的技巧全部派上了用场。看看时间，还有5分钟！再来看看这个大难题。还是一筹莫展啊。不过，此刻迈克尔紧张的情绪已经明显的舒缓了下来——再怎么说也就只剩这一个问题了！因为不必受其他问题的困扰，他的心情又逐渐明朗起来。就算是这道题无法解决，其他题不是答得还不错嘛！

情绪一旦放松，迈克尔的思维再次快速地运转起来。哦，谢天谢地，终于有了一点思路！虽然仅剩下几分钟的时间，他还是认真地写下了若干解题步骤。毫无疑问，答案不可能完美，但迈克尔已经尽力了！

考试成绩

实际上，大多数同学和迈克尔一样，对那道题也倍感头疼，但是，他们可就没有迈克尔那样的谋略了！他们一时间乱了方寸，白白地浪费掉好多时间，因而不得不草草答完剩下几道题，意外的错误也就在所难免。相比之下，迈克尔不仅得到了所有应得的分数，就连那道题，教师都给了他些分数呢。结果，同学们的失误反倒成全了迈克尔，因为得分排名靠前（虽然并不是第一名），他居然还得了个"优秀"！

迈克尔的经验值得我们借鉴。参加考试，往往要到成绩出来，你才会知道自己到底答得怎么样。记住：如果你对某个问题一筹莫展，那你的同学们也未必会高明到哪里去。一般情况下，教师们都会对成绩进行曲线评定，即：成绩由高往低，15%的同学得"优秀"，20%的同学得"良好"，以此类推。举个例子，我曾参加很多次这样的考试，学生们的平均分仅在50分左右（满分100），那么65分就可以得一个"优秀"，尽管有一道题没有一个人能答出来。还有一次，虽然一道分值为25分的题一字未动，我还是照得了"优秀"。一句话，谁也无法预测最终的成绩。

由此，我们不难得出这样一个结论：千万要保持冷静！迈克尔的过人之处，就在于他能够按照题目的难易程度一一作答，遇到特别棘手的就先放一放，回头再说。关键是要努力去拿到最高的总分，而不是题题得手。

PART

3

如何高效写作

我从来都不相信，有人一坐在电脑前，就立刻文思如涌。

你行吗？

　　　　　　　　　　　　　　　　　　　　　　——安娜

　　你是否有过文思如涌的快感和自信？上大学之前，你忙于应付测验和考试，在你眼里，作文的重要性不及总分数的一半。它真的不重要吗？如果你就这么认为了，那当你走入大学时，你将会遇到很大的困难。因为，进入大学后，你将彻底从基础知识的掌握上升到理论分析阶段，写文章将成为判断你大学成绩的绝对标准，所以，如果你在中学时期没有充分重视作文的重要性，没有为大学的文章写作打好基础，你就会在大学学习过程中走弯路。那么，你将如何为上大学做好准备，以便能顺利地应付与小学、中学完全不同的问题和困难呢？要想在大学里脱颖而出，一个必须面对的问题就是如何写好一篇文章，它沿袭了老师所提倡的好作文的标准，并提升了你在作文写作中的成长空间。

　　写文章是一件苦差事，但谁又能逃避呢？要写好一篇文章，必须查阅大量的资料，确定论点，组织论据，最后再用简洁清楚的行文表述出来。一句话，要写好一篇文章，就必须花大量时间进行一系列严肃的思考。

　　这个思考过程也绝非易事。高中的传统文章一般都有一个固定的格式，任何文章都可以拿来套用——引言（提出论点）、若干个独立段落（每一段都陈述一个论据）、结论（重申和强调全文的论点）。可惜，传统的时代一去不复返了，现在，有些中学开始通过语文课和一些选修课的文章作业来开发学生的写作能力和深度思考空间，对作文的要求不再是简单地直抒胸臆，而是就某一论点、某一专题进行有理有据地深度探究。中学时代的这种新型的文章便是大学文章写作的雏形。你在高中阶段，是否能提前进入文章写作状态，将决定你在未来的写作道路上能走多远！相比之下，大学文章的布局和思路都相当复杂。比如，人类学文章的格式就与历史研究文章的格式截然不同。这门课程可能只需要逐条陈述论据，下一门课程可能就需要多层次、综合性地分析了。每一篇文章都无异于一次挑战，需要大量的时间和精力。

但是，千万不要放弃！写文章固然很难，但也绝不像大部分学生想象和经历的那样，难于上青天。掌握好以下三个要素，我们就完全可以一步步地完成一篇高质量的文章：

- 参阅大量资料，进行研究和分析。
- 组织自己的论据。
- 清楚地进行论证。

大多数学生在写文章时都无法一步一步地按层次进行清晰的论证。相反，他们往往把上述的三个元素胡乱糅合在一起，整个写文章的过程就仿佛一场持久战，耗时且毫无成效。他们通常都这样做：打开电脑，摊开一大堆资料，头脑里思路尚未清晰，就急急忙忙地动手了。论证过程一旦受阻，就开始重新翻阅资料，直到找到合适的引证，插入已经写好的文档，然后继续。但用不了多久，这样的过程又会反复：再次翻阅资料、进行引用等等，恶性循环。等到文章稍有眉目，几个小时可能就过去了。不难想象，这样的过程相当枯燥且劳心费神。固然，我们上面提到的三个因素缺一不可，但是要同时推进，则事倍功半，吃力不讨好。

学习高手们的方法，是把这三个因素分成独立的步骤，逐步完成。当然，完成每一步依然很难，但是先分开，再系统化地完成每一步，整个写文章的过程就不会那么艰难了。格雷彻，一名学习高手，对此有自己的心得："要完成一篇优质高效的文章，关键就是把这项大任务分解成若干个小任务。"

这个方法包括八个步骤。第一步，确定一个令人感兴趣的论题，以及如何从这个论题中提炼出一个新颖且容易论证的论点。下一步，花大量的精力来查找资料。方法不当可能会浪费大量的时间，因而这一步是至关重要的。我们会教给你一个查找和收集资料的迅速且行之有效的好方法。再下一步是组织论据。遗憾的是，这一步还没有什么灵丹妙药。不过你依然可以学到一些方法，例如如何及时和别人沟通，如何建立提纲等等，为下面的工作做好准备。

接下来就是文章的撰写了。此时，要写什么和怎样写，你已经有了非常清楚的想法，因而，这一步也不过是把你的想法和步骤付诸实施而已。水到渠成，因此不需要太多的时间。不过，千万不要以为写作是文章最关键的一步。放弃这个想法，你才有可能完成一篇优质的文章。安娜对此做了清晰的概括："有了结构，文章就自己开始写作啦！"

最后一个步骤是修改，有些学生在这上面花费的时间太少，交上的文章难免有很多致命的错误；有的学生又耗时太多，花去了许多不必要的时间。在这一部分的结尾，我们准备了一个"写作三关"，过了这三关，你就可以轻松完成文章的定稿，而无须浪费一点儿时间和精力。

可别被这些步骤吓倒了！有些步骤非常简单，比如确定论题，向教师请教等。之所以把每一部分的工作（尽管有一些根本不需要太多时间）都分成若干步骤，是因为这样的话，你就可以根据它们的重要性而制订相应的计划。

最后一条，要记住，并不是所有的文章都需要同样的步骤。有的文章不过是对某一部书的某一个章节写一个两三页的分析，有的文章则可能需要进行大量的研究，篇幅要求长达五十页。据此，我们把文章分成两大类：研究性文章和分析评论性文章。下一步，我们就对这两种类型的文章分别进行讲解，"因文施教"。只要用心学习和实践，不论写哪一种文章，你都会得心应手，游刃有余。

研究性文章 VS 分析评论性文章

文章，顾名思义，就是就某个专题或问题进行研究分析的文章。文章的类型不一而足，有的需要进行大量的研究，有的仅需要对课上教师讲解的某一个内容撰写一些分析评论性的文章即可；有的需要长篇大论，有的则仅需要薄薄的几页纸。在此，我们简单地把文章分为两大类：研究性文章和分析评论性文章。当然，这样的分类法可能会失之偏颇，但最基本的两类也不外乎如此。研究性文章正是我们在中学时期某些课程要求写的小研究报告、小调查报告之类的文章的一个深化和拓展，而分析评论性文章则类似于中学时写的议文章，掌握这两种类型文章的写作方法和技巧，不仅对我们现有的写作水平有一个很大的提升，同时它也对日后我们走入大学去进行大学水平的文章的写作打下基础，使我们能更好更快地适应大学的学习和生活节奏，而不至于走弯路。下面我们就简明扼要地来看看撰写这两类不同的文章分别需要怎样的技巧。

研究性文章

要写好一篇研究性文章，首先必须按照要求确定论题，然后再确定切合论题的新颖的论点。比如，选择论题时，有时候要求可能会较为宽泛，像"任何与英国相关的内容"，符合这个要求的具体的论题可能就是"公立学校与英国"。那么你的论点就可能是：19世纪的英国公立学校设有专门为满足英国发展要求的课程。

研究性文章需要大量独创性的研究，才能更好地论证自己的观点。因而，这样的文章通常篇幅都很长，教师也往往会给学生较长的时间。如果方法得当，论题恰当，这样的文章通常都会让撰写者受益匪浅。无论是开题，还是具体地进行论证，都无异于一次巨大的挑战。但是，如果等到很晚才着手，情况可就不妙了。很多学生都有过类似的糟糕的经历：动手太晚了，压力越来越大，却一个字也写不出来，精神几近于崩溃。所以，撰写这样的文章，需要格外地用心。

分析评论性文章

分析评论性文章是大多数文科类课程的必要组成部分，这类文章都较短，需要学生们对接触过的阅读材料进行细致的分析，通常是就某些内容进行比较，得出结论。例如：诺丁格和霍普金斯关于美国孤立主义的看法有何不同？造成这种不同的文化根源是什么？

分析评论性文章和研究性文章有很多不同点。比如，分析评论性文章的论题是预定的，论点也不过是就某一个问题做出具体的回答而已，而且仅需要较少的甚至根本不需要进行研究。毫无疑问，这类文章需要的时间也较少。此外，撰写这类文章的目的是为了检查学生是否真正理解了课上的材料，而不是看看学生们能否提出独特的见解和观点。

但是，如果你认为这类文章比研究性文章简单的多，那就大错特错了。文章写作都必须遵循一个简单的原则：思路要完全符合材料的要求，也就是说，文章的要求越具体，你的思路也必须越细致越精确。如果文章仅涉及一个章节的内容，那你就必须逐字逐句地理解这章的内容，只有这样，你的分析才能切题。万万不可掉以轻心！

第一步

发掘让人兴奋的主题

　　记住：论题不等同于论点。论题指有关于某个领域的一些言论，这个领域往往能激发人们很大的兴趣；论点则是指从这些言论中提炼出来的一个具体且有新意的观点。举例如下：

论　题	论　点
虽然身居两个不同的大陆，大卫·凯斯伯·佛德列希和华盛顿·奥尔斯顿的艺术作品还是有很多有趣的相似之处。	佛德列希和奥尔斯顿之间之所以具有相似点，是因为二者都曾受到萨缪尔·泰勒·科勒律治及其关于后现代主义哲学的先见之明的影响。
福克纳早期的作品。	福克纳早期的创作风格受到了欧洲现代主义者的影响。
20世纪上半期，纽约的唐人街发展迅速，但其他的移民社区却始终无法在金融领域中找到他们的立足点。	来自中国的移民们带来了中国大陆的文化体系，这一体系使得他们能够很好地应对各种新的挑战，并帮助他们迅速在纽约建立起自己的金融安全体系。

注意：上述论点仅为作者举例之需，未加实际考证，请慎加引用。

上表中已经列出了论题。撰写分析评论性的文章时，因为已经有预定的论题了，所以无须进行这一步。但研究性的文章则需要我们认真选择论题，下面我们就着重来看看研究性文章的一些具体的选题方法。

研究性文章的选题

一般情况下，教师布置的文章范围都较广。比如，历史类文章可能会这样给范围："目前为止，课堂上讲到的任何一位艺术家。"政治学的范围可能是："经济政策和拉美国家。"关键是一定要在这些指定的范围内，确定一个自己感兴趣的论题——如果你自己对论题毫无感觉，写起来就无异于"受刑"了；反之，如果你很喜欢这个论题，那么写起来就容易得多。

如何才能找到一个自己喜欢的论题呢？答案是：及早动手！除此之外，别无他法。多利斯是这样做的："我会在文章上交前及早开始选题，构思，一有想法就记下来。有时候会提前一周，有时候甚至会提前一个月。"你也试试看吧。第一堂课就把教师发下来的文章要求仔细阅读一遍。教师会在教学提纲中列出基本的选题要求，通常还会做个简单的讲解。一定要随时随地留意哪些内容"有题可挖"：不论是阅读材料中有这样的"宝贝"，还是教师在授课时提出了一个类似的问题，亦或是讲到了一个目前尚有研究空间的课题，不要迟疑，赶紧动笔记下来。耶鲁大学的西恩就养成了这样的好习惯："阅读和听讲时，都要留意哪些内容特别令自己感兴趣。没准，这里面就有一个相当有价值的论题呢。"

要是提前找不到论题，也不必着急：切恩为我们找到了两个好办法。首先，"和教师交流一下自己的想法，让他给你推荐一些相关的材料"。教师们学识渊博，很快就能告诉你哪些资料对确定论题有好处；其次，"仔细阅读一下第一手资料"。他指的是教材或课上接触过的一些资料。认真想想，教材中的哪些内容，哪个角度特别吸引你，或者你还对哪些内容有疑问，以及一些曾经引起过争议的部分，等等。"一定要充分发挥想象力和独创性，潜心寻找不同的内容、观点与一些范围更大的论点之间的关联性"。

总而言之，第一步的工作做得越细致越到位，后来的写作过程就越简单越轻松，所以选题时切不可掉以轻心。

第二步

猎寻有价值的论点

论题确定之后，下一步就是从论题中提炼一个有价值的论点了。对于分析评论性文章而言，这一步工作实际上早就完成了。通常，这类文章都会有一个提示性的问题："这两个观点有何不同"或"作者为何持这种观点"等等。论点不过是对上述问题的答案重新做个总结而已，但研究性文章就完全不同了。你需要阅读大量的资料，深入挖掘，直至从论题中提炼出有意义有价值的论点，论证此论点的过程还得符合文章长度的要求。

不过，不论撰写哪类文章，都需进行一些初步的研究。草率下笔无疑是极其冒险的，道理很简单，不做类似的研究，就无法确定自己的想法是否可行。设想一下，辛辛苦苦写了半天，却突然发现文不对题，必须推倒重来，天啊，还有比这更糟糕的事吗？这个时候，你往往又不愿意再花几天的时间，来重新阅读资料确定论点。不难想象，此刻的你是多么的沮丧又焦灼不安啊！

分析评论性文章仅需要进行一些简单的研究：把所有与论点有关的读书笔记和课堂笔记都复习一遍，这样你大体上就能找到那些提示性问题的答案了。换句话说，至此，论点已经就绪。不过，简单不等于可以忽略。千万不要跳过这一步，论点形成的越早，准备论证过程的时间就越多。

但是，要确定研究性文章的论点，则不是一个简单的过程。没有指定的材料，也没有具体的提示性的问题，就连大致的论题也必须依靠自己的摸索。在这样的情况下，你必须查阅大量相关的资料，并且进行细致认真地阅读，才能找到一个明确的论点，而且还得时时注意不要被纷繁复杂的材料所湮没。

本书中受访的学习高手们对如何确定一个有价值的论点都驾轻就熟。确定论点时，他们有两个目标：

- 论点新颖、有趣，符合要求。
- 花最少的时间。

要同时实现这两个目标，显然并非易事，但学习高手们却毫不费力。秘诀在哪里？其实很简单，那就是：确定大致方向，逐步深入推进。那么具体该怎么做呢？

确定大致方向，逐步深入推进

"我一般都会从一些基本的材料入手，"达特茅斯大学的学习高手克瑞斯这样说，"比如，要写一篇关于土耳其的克兹的文章，首先我会去找一些关于克兹生平的新近发表的材料。"同理，如果你要写福克纳的早期作品，那就得去找一两本福克纳的传记，然后重点阅读一下记载他早年事迹的章节。要是一时找不到想要的材料，那也不妨向教师求助，他肯定会给你推荐许多相关的内容。另外，很多学校的图书馆都有专业书陈列架。这些书一般都是教师精挑细选出来的。不过别忘了，这些书只能供你阅读两三个小时，看完了要及时放回，供别的同学阅览。这一类陈列架是查找基本资料的理想选择。

第一步（确定大致方向）工作完成。之所以还要进行第二步（逐步深入推进），是因为即使查到了一些大概的资料，你还需要更多更细致的工作才能找到理想的论点。当然，幸运的话，也许你也能在第一步就实现愿望，但是通常情况下，这样的幸运少之又少。一般性资料往往覆盖面太广，因而你不可能马上就提炼出新颖且有价值的观点。

那么，为什么还要查找这些一般性资料呢？为了看看这些资料后面所附的参考文献。克瑞斯说："凡是对文章写作有帮助的一般性材料，我都会仔细阅读。然后去查找这些材料的出处。"换句话说，确定论点的第二个步骤是，查阅一般性材料中相关部分中所引用的书目和文章的列表，再从这些列表中选择一些有用的书目或文章，最后到图书馆去把它们找出来。这些材料往往集中性较强，只论述一个或几个具体的观点，查阅完毕，你就很可能形成和确定自己想要的论点了。

还以关于福克纳的文章为例。可能你的一般性材料中就有一篇这样的期刊文章，专门讲述一位欧洲现代主义作家对福克纳的影响。阅读这篇期刊文章时你会发现，它同时还提到了许多对福克纳有类似影响的其他现代主义作家的名字。注意了！由此你就可能提炼出一个极有价值的论点。比如，选择其中的一位现代主义作家，然后进一步论证他和福克纳之间究竟有怎样的关系。

或许，有份材料讲述的则是福克纳在欧洲生活过的一段时间，而且还提到了在那段旅居的时间内，年轻的福克纳留下了一些私人信件。资料甚至还引用了信中若干相关的部分。那么，你要赶紧找到这些信，详细阅读一遍。随后你会注意到，福克纳在信中屡屡提到了伦敦的一家小酒馆。由此，你也有可能形成一个相当有意思的论点。比如说，进一步研究当时弥漫在伦敦酒吧内的知识氛围，以及这种氛围对福克纳的作品造成的潜在的影响。这样一来，文章的思路就形成了：先引用一篇福克纳来到伦敦之前刚刚完成的作品，再引用一篇他离开伦敦之后刚刚创作的文章，然后再来比较一下在这段时间内，受伦敦文学氛围的影响，他的创作方式发生了怎样的变化。记住，任何一个小小的言论，都有可能引发一次规模巨大、影响深远的讨论。

那又如何知道，围绕这个论点，你就足以撰写一篇观点独特的文章了呢？哈佛大学的学习高手克丽丝汀这样解释："一篇成功的文章通常要符合四个方面的要求：发人深省，见解独特，直截了当，内涵丰富。"此外，他还提醒我们"一篇好的文章，必须非常有深度"。学习高手温迪提醒我们，"即使是文章中有一些含糊或者悬而未决的问题，也不必担心。文章的核心是论点，只要论点明晰，说服力强，其他的自然会水到渠成。"

需要注意的一点是，论点会随着文章写作的进行而变化或不断地得到提升，这是研究和思维不断推进和深入的必然结果。刚开始，论点不过会很接近你想要阐述的某种联系或答案，但却并非是事实上最终的联系或答案。依然以关于福克纳的那篇文章为例，最初的研究也许能够揭示伦敦某个酒吧的社会文化气氛曾经给了福克纳某些影响，但却无法深刻反映这些影响是如何具体地影响到了我们的作家。毫无疑问，你需要进行更深入的研究。不要害怕论点的不断变化和深入。逐渐你就会发现，那篇开始时略显稚嫩、无序的文章已经初见眉目，甚至就要达到上面提到的那四个要求了呢。当然，通过最初的研究，你必须要找到一个基本的论点，这样你才有可能通过进一步的研究使之更加言之确凿，令人信服。千万不要糊弄自己，如果你对自己的论点毫无信心，就算是它听起来特别"酷"，又有什么用呢？相反，如果你能不断地深入论证，入情入理，环环相扣，相信吧，一篇成功的文章已经指日可待了！

第三步

头脑风暴

论题就绪，论点也心中有数，马上你就可以开始文章的具体撰写工作了。但是，切莫操之过急，求胜心切。回过头来再梳理一下你的思路吧。

很多学生都遇到过这样的情况：他们迫不及待地开始，辛辛苦苦地完成了若干页，却突然发现，论证了半天，前提似乎并不充分，进展也越来越慢。这可能是由于无法找到充足的论据进行下一步的论证，也可能是发现了别人早就论证过类似的观点，或者是因为论点太过宽泛，根本无法在限定的范围内有效地进行论证。

在第二步中，我们已经讲过许多确定论点的小窍门，但光靠这些窍门是远远不够的。就算已经确定了满意的论点，最后的一步依然是相当必要的。布朗大学的学习高手瑞利是这样做的："实际撰写之前，我经常会和教师交流一下想法，进一步澄清观点。"没错，无论是研究性文章和分析评论性文章，撰写之前，都最好跟教师就自己的论点进行一下沟通。你可以在他的工作时间里去他的办公室，也可以提前预约，先陈述自己的论点，然后再问问这几个问题：

- 我的观点符合这次文章的要求吗？
- 涉及的内容是不是太多了？
- 会不会太简单了？

如果是分析评论性文章，教师认为你的论点合适，那就基本没有问题了，继续你的下一步吧。如果是研究性文章，教师点头之后，还要赶紧跟他讲讲你打算阅读的参考资料，很可能，他会推荐给你一些其他更有价值的相关资料。想一想，这可以节省多少宝贵的时间！不管是哪种文章，如果教师没有表现出太大的兴趣，那他一定会给你一些意见，帮你更改或改进论点，直到理想为止。

这样的会面一般也不过20分钟的时间。有了教师的指点，相信你对自己的论点更有把握，想法一定也更加成熟，再也不用担心发生太多的意外了，而且马上就可以开始查找资料了。不过，尽管作用如此之大，大多数学生还是会忽略这一步。他们可能还不知道，这样一次短短的会面，甚至可以最终决定你的文章的命运，是一篇精美的文章，还是纯粹的文字堆砌？

记住：这可不是捷径。如果你毫无准备，大脑空空地闯入教师办公室，看看会发生什么吧。教师也不是永远都有求必应的，"只有你提前理清了思绪，教师才不会拒绝倾听。"这是克丽丝汀给我们的忠告。

第四步

机器写作法

　　毫无疑问，撰写研究性文章的核心任务是查找资料，展开研究。因为分析评论性文章有预先指定的资料，且一般只有一两篇，所以无须这一步，即可直接进入第五步，开始具体的论证过程。

　　但是，撰写研究性文章时，这一步工作是至关重要的，可以说，文章的成败在很大程度上就取决于资料的查找和研究。可惜的是，很多学生查找资料时往往草率了事，漫不经心，这样就极易导致这样两个问题：首先，由于写作时需要不时停下来查找新的资料，整个过程变得冗长且乏味；其次，最终的文章经不起任何推敲。缜密的论证无疑需要大量翔实可靠的资料，信手拈来，随用随引；反之，如果，资料贫乏，不完整，与主题又无甚密切关系，一篇成功的文章何从谈起呢？

另外，你还要避免在收集资料上浪费太多无谓的时间。大多数心急的学生都会患上一种"资料查找反复综合征"——脑袋里老是想着"再查一份资料，就一份"，结果呢，一个又一个小时过去了，他们淹没在小山样的资料堆中，头晕脑胀，睡眼惺忪。你一定不想体验这种梦魇般的感觉吧？那就别忘了：虽然查资料看起来要比确定论点简单的多，但同样是"一步不慎，满盘皆输"。

值得庆幸，学习高手们找到了一个独特的方法来专门解决这一问题。在浩瀚的资料库中，他们不费吹灰之力即可查到自己想要的资料。有什么高招吗？有！那就是：如同机器般做研究——像机器一样重复相同的步骤：确定论点，查找资料，复印，整理，做注释。只要细致认真，你自然可以在最短的时间内，查到全部所需的资料。

听起来还不错吧？那么，具体该怎样操作？我们可以概括出如下四个步骤：

- 查找资料。

- 复印所有需要的资料。

- 注释材料。

- 检查一下：准备就绪了吗？（如果答案为"否"，重新开始查找资料）

好了，就是这些。不过，令人头疼的还是那些具体的细节性步骤，让我们继续往下看吧。

查找资料

资料分两类：一般性资料和具体资料。在第二步我们已经讲过，一般性资料包括关于已确定论题的一些整体性评论（传记或教材），而具体资料指的是那些包含具体观点的资料（如论证或交代某个具体观点或事件的期刊文章或书籍）。文章写作基本上都需要具体的资料。当然，要完成这一步绝非易事。

要实现这一目的，你不妨尝试如下两个步骤：首先，直接将第二步中讲到的方法付诸实践：先查找一些概括性资料，再从他们的参考文献中去查找所需的具体资料。大卫告诉我们："如果你从参考资料中找到了若干中意的资料，赶紧看看作者是从哪里找到这些资料的，那你也动手去把它们找出来。"另外，你也可以向教师求助，或者看看学校的专业资料架上是否有相关的资料。学校图书馆的网上目录也是个不错的选择，不过，目录检索往往比较麻烦：仅输入关键字，未必能查到所有相关的书籍列表。那么，试试下面的小窍门吧，没准你会有惊喜的发现呢。

一个窍门就是充分利用图书馆的主题分类检索。图书馆将所有的书籍按内容依次分级。例如，海因里希·哈勒的名著《白色蜘蛛》（记录了第一个征服异常凶险的艾格山北坡的登山队的故事），就可以通过这样的分类来检索：

（1）登山——瑞士——艾格山——历史

（2）艾格山（瑞士）——旅游见闻

通过网上目录检索到某一本书后，相应的图书馆主题分类内容也会被列出来。更妙的是，这些主题内容都有超链接。也就是说，只要找到一条关于《白色蜘蛛》的条目，然后依次点击"登山——瑞士——艾格山——历史"，你就能找到在此分类下图书馆馆藏的所有相关书目的列表。所以找到了关于某个主题的一份一般性资料，要找到其他更多的资料也就轻而易举。查到一般性资料后，就可以进一步阅读这些资料列出的参考文献来查找更具体的信息。

查找具体资料的另一个重要方法是直接查找。这是因为，一般性资料中的参考文献未必就会有所有你想要的具体资料，最新发表的学术文章就更是如此。这是因为，写一本书往往需要很长的时间；如果文章是最近几年才发表的，引用该文章内容的书籍或文章自然就少之又少。

关键的问题是，查找具体资料是极其困难的。以上面提到的以艾格山为论题的文章为例，你的论点可能是这样的："20世纪上半叶时，人们攀登艾格山北坡时屡屡失败，这一点在瑞典文化形态的发展中起着非常重要的作用。"查找关于这个论点的一般性资料相当容易，比如，查找《白色蜘蛛》这本书就易如反掌。但是要找到任何关于艾格山对瑞士文化形态的影响的资料，就极其复杂了。通过图书馆目录查询时，仅输入"艾格山对瑞士文化形态的影响"，恐怕根本无法找到任何令人满意的结果。那么，要怎样做才能达到目的呢？不妨来尝试以下四个常用的资料查找小窍门：

窍门一：将查询条件分解成若干个大的查询项

将具体的查询条件分解成一组相关的大的查询项，找到相关资料的可能性就更大。仍然以关于艾格山的文章为例，你可以尝试以下几个查询项：

- 瑞士的阿尔卑斯登山文化
- 瑞士的文化形态
- 阿尔卑斯登山运动
- 登山活动盛行的瑞士

　　无论通过哪个查询项查询，你都可以查到与论点直接相关的资料，或者找到一个有力的论据。只要不断地练习，你就能学会如何将查询条件进行适当地分解，从而查到理想的结果。

窍门二：使用期刊数据库

　　具体资料大多来自研究性文章，书籍中包含的内容相对较少。图书馆的目录无法帮我们直接检索到相关的文章。克里斯推荐给我们一个好方法：学会通过期刊数据库来查找自己想要的文章。

　　如何查找这些数据库呢？一般，图书馆的网站会提供一系列可用的电子资源。入学第一年，图书馆都会面向新生提供一些培训，对馆藏资源做一个大概的介绍（误过了也不要紧，重新学习也不费事）。这些资料通常会根据内容被归入某一个专业类别（如政治学、人类学等等）。查找与自己的文章相关的专业资料时，你会看到一系列可用文献档案，其中以研究性文章数据库为主。此时，第一个窍门就派上用场了，试试吧，看看你能查到多少理想的资料。

　　如果论题的内容涉及多个学科的内容，克瑞斯的建议同样适用。你可以上网在类似JSTOR（http://www.jstor.org）这样的大数据库中查询，这些数据库包罗万象，资料丰富，完全可以满足你的要求。

窍门三：有疑问，找Google

"Google是我永远的好朋友。"大卫告诉我们。的确，Google是个非常了不起的搜索工具，但使用时务必谨慎，不可滥用。使用原则是：不可直接引用网上资料。毕竟，这类资料的严谨性和可靠性还值得推敲。期刊性文章发表之前，都必须经过相关专业人士的大量的阅读和审校；学术性书籍也都由专家撰写并需进行多次修改才能最终定稿。但是，网络资料却没有通过任何审查，可谓是鱼龙混杂，泥沙俱下。因而，论证时，这些资料也就毫无价值。高中时，你还可以从网上引用一些资料；但是，如果你在大学还这么干的话，就等着教授的训话吧。

话虽这样说，Google的作用依然不可小觑。虽然我们不能直接从网上引用资料，但可以从网页上查找和自己论点相关的书籍和文章。比如，在网上搜索"艾格山和瑞士文化形态"，就可能查到一系列与此相关的网站。Google的搜索运算法则要比图书馆目录高明的多，即使查询条件极其复杂，也照样能查到精确的结果。如果幸运的话，有些网站还可以给出更具体的资料，比如书名或者文章的题目等。接下来，你可以继续使用图书馆目录来找到这些资料，复印相关页面，进行注释等等。

窍门四：请教图书管理员

大多数学校的图书馆都有专门负责咨询的馆员，他们非常乐意帮你查找相关的资料，并且乐此不疲，他们的业务能力也非常出色。既然有这么优秀的专业人员来帮助你查找资料，为什么自己还要花那么多无谓的时间呢？但遗憾的是，很多学生都忽略了这一点。

查找比较复杂的资料时，先到咨询台和图书馆员谈一谈吧。告诉他们你的论题和论点，他们很快就能帮助你查到不同的资料。这样，你就不用再担心漏掉任何相关的资料，而且还可以接触到更多的馆藏资源，以后写文章的时候就可以直接查找了。和咨询员交流的时间越多，你就越能够独立查找更多有用的资料。

复印全部所需的资料

文章写作的效率跟你如何处理资料有着很大的关系。处理相关的书籍章节和期刊文章的方法很多，但学习高手们更喜欢这样做：复印或打印相关的资料。如果某本书中有两章的内容和你的论题有关，把这两章都复印下来；如果有一篇文章和你的论点有关，就复印这篇文章；如果在网上找到一篇文章或一个相关的网址，那就打印出来。只有这样做，你才能建立起个人的文本资料集。

这样做的好处数不胜数。首先，纸质文本资料易于携带。想想看，带一摞书，再加上一大堆期刊杂志是不是特别不方便？而纸质文本资料轻便，易于整理，无论是到你"秘密"的学习地点还是前去上课，都绝对不会成为负担。其次，这样的文本资料查找更加快捷方便。无须翻阅厚厚的卷宗，也无须访问电脑硬盘。因为所有相关的资料都集中在一起，你可以随意按照各种方式进行整理。比如，按照作者名字将资料归类，将内容相同的资料用曲别针夹在一起，或者按照内容，放入不同的文件夹中。耶鲁大学的学习高手，西恩，就特别喜欢这样做："从文本中查找相关资料会更容易。"第三，这样的文本资料可供你放心标注。"打印或复印资料优于纸质书籍或电子文档，主要是因为你可以放心地在上面进行注释。"哈佛大学的克丽丝汀也认同此法。遇到重要的内容，下划线、突出显示、箭头、星号等等，你尽可以自己喜欢的方式进行标注，而无须担心有任何的不妥。

一句话，通过这种方式，你可以更方便有效的掌握和利用手头的资料。但是，实际工作中，还有几点要注意：第一，一定要在每份复印件上都标出在文章中进行引用时所需的全部信息。比如，复印好书中的某一章后，务必在第一页上写下书名、作者、出版社及其地点和出版日期。当然，你也可以按照克丽丝汀的办法，把该书第一页上的书名和版权信息全部复印下来，这样到写文章需要引用这些内容的时候，你就无须再匆匆奔向图书馆了。

第二，每一份资料的参考文献也都要复印下来。这样，如果复印件中提到了某个令你感兴趣的内容，你可以马上查找文献，迅速找到这个内容的出处。文章的参考文献一般就列在文末。对于使用脚注的书籍，你还得翻到书后的参考文献，才能找到它的出处。

注释材料

查到资料，仅仅才完成了第一步。如果你不清楚资料中哪些信息有用以及如何合理地利用这些信息，资料再多也不过是废纸一堆。下一步的工作是：浏览一下所有资料，言简意赅地标出这些资料的大致内容，也就是给它们做一个注释。

注意了！此时，直觉可能会告诉你，第二部分中不是已经讲过如何做读书笔记了吗？赶紧开始吧——那你可就误入歧途了！注释材料远远没有那么复杂。大卫推荐给你一个简单易行的好方法："浏览，浏览，浏览即可！"也就是说，只需快速翻阅一下资料内容即可。不管什么时候遇到与自己论点有关的重要定义、观点、看法，都要记下页码，并快速做一个描述。例如，和读书笔记不同，如果作者论证了某个相当有意思的观点，那你仅需要把这个观点记下来，所有的论据则可以全部忽略。如果你手头的资料是一本书，我们可以采纳安娜的方法："只需把和你的论题有关的那些章节挑出来，而无须阅读所有其他的章节。"完成之后，别忘了用曲别针把注释和相应的资料夹在一起。

简而言之，恰当的资料注释就好像是一枚精确的指针，简单明了地告诉你哪里有你需要的信息。在你接下来开始整理所有的资料时，你就可以根据这些注释确定所有相关资料的重要性，然后仅阅读对自己的文章写作有关的材料，无须浪费任何的时间。千万不要忽视了这一步！

检查一下：准备就绪了吗？

这个问题可没有一个统一的答案。想想，要是有一个固定的公式来计算写一篇文章到底需要多少资料，该有多好！但毫无疑问，这是不可能的。文章长短、要求不同，需要的资料自然也不同，我们根本就找不到一个统一的标准。

那么就只有寻求一个大概的方法，来看看自己的资料是否已经准备就绪。记住，这只是个大概的方法。试试按照以下几个步骤，来判断一下自己是否可以结束资料的查找了。具体步骤如下：

- 列出所有论证论点所需的关键内容（具体的问题、事实等）。
- 列出所有对论证论点可能有用的内容。
- 如果你已经根据上述的第一条标准，为所有论题找到了至少两份有价值的资料，并根据第二条标准为大部分论题找到了至少一份有价值的资料，那么你的工作就完成了。否则的话，继续查找吧。

　　为什么这只是个大概的标准呢？这是因为，刚开始的时候，你还不是很清楚到底该怎样具体地展开论证，所以也就不知道到底需要哪些资料。上述的这些步骤不过是帮你尽可能精准地做个估计而已。把资料分为"关键"和"有用"这两类，具体写作的时候，你也不用再为查找某些信息而回头重新翻阅所有的资料。大卫采用的方法与此类似："我把资料分成三摞：特别有用的，可能有用的和没用的。"在此，我们还以"艾格山与瑞士的文化形态"为例，"关键"和"可能有用"的资料列表如下：

（1）论证论点所需的关键内容：

　　● 有关艾格山的基本历史资料（被发现的时间，第一次攀登的时间等等）

　　● 世纪之交与瑞士文化形态有关的观点

（2）对论证论点可能有用的内容：

　　● 第一次登上艾格峰顶的登山者回忆录

　　● 当时发布的媒体资料（瑞士境内和非瑞士境内）

　　● 关于运动的作用和国民骄傲的概括性观点

　　如果你实在找不到列表（2）中的某个资料，那也没关系；但是如果你找不到与列表（1）中内容相关的任何材料，那你还得继续查找。

　　下一步，就要开始确定文章提纲了，此时，如果你能回头再简单地浏览一下所有的资料，查漏补缺，当然是很好的。如果你已经认真地按照上面的步骤一步步来做，这一步就只需很少的时间，自然也就不用成天泡在图书馆了。

第五步

构思强大的故事

奇迹就要发生了！这是文章撰写中最有意思的一部分，所有付出的辛苦即将得到回报，论点确定，资料就绪，现在，就是你发挥聪明才智，将它们组织到一起的时候了。安娜是这样说的：“要想写出一篇优秀的文章，必须严密地组织所有的材料，要做到这一点，唯一的途径是——思考。”现在就让我们来看看你的大脑应该如何进行这项工作。

组织论证

“你必须对文章的基本结构有一个清晰的思路。”布朗大学的学习高手弗兰克这样解释他的观点，“合理地组织观点，有助于完成一篇优秀的文章。”但是如何进行有力的论证，却不仅仅是简单地将若干观点组织到一起。它还需要大量富有创造力的全新的思考。文章没有可以套用的格式，简言之，文章的论证过程必须符合以下几个要求：

> • 从现有的与论题相关的作品中引用相关内容，界定论证的背景。
>
> • 引入论点，阐述它与论题相关的现有作品之间有怎样的关系。
>
> • 严密推理，从现有观点、论据和第一手资料中引用相关内容论证论点。
>
> • 阐述可供拓展论点的若干设想，及其对整个专业领域潜在的影响。

但是，如何阐述上述几个基本点，并无固定的顺序或格式。有的文章需要先界定背景，再引入论点；有的需先引入论点，展开论证，结尾时再阐述论证背景；还有的文章则是交叉进行上述的四个步骤。方法多样，不一而足。但是，要想组织得当，论证合理，最好的方法莫过于练习。多写多读，只有这样你才能得到实际的提高。

尽管如此，关于如何有效地组织论证，我们还可以找到若干基本的方法。它们不是具体的规则，只是一些小技巧，帮助你迅速激发灵感，才思泉涌。

技巧一：撰写文章提纲时，必须首先调整好自己的思想状态。找一份《大西洋月刊》、《纽约人》或者《哈勃斯》等以发表评论性文章为主的杂志。仔细阅读其中几篇文章，然后出去散散步，理清思路。

你也可以按照大卫推荐的方式来做："和你的好朋友谈谈，他们一定乐于倾听，并会和你交换想法，直到你完成文章为止。"你还可以尝试下述的任何一种方法：到图书馆里安静的一角独自呆上一段时间，在教师的工作时间去和他谈谈你的想法，重新阅读一下教学安排中列出的相关文章和书籍，或者观看一部纪录片。只要有助于让你的思维更加活跃，任何方法都值得尝试。

技巧二：写作之前，把所有找到的资料都拿出来。如果是分析评论性文章，可能只有几本书或一些读书笔记；如果是研究性文章，你的面前可能就是一大堆复印或打印的文档了。赶紧翻一翻这些资料，让你的大脑迅速回忆起所有相关的信息。先前所做的注释此时就派上用场了，你可以根据注释直接去查找自己想要的资料，有效地节约时间，避免不必要的工作。

技巧三：休息一下，干点别的。尽管让那些信息在你的脑海里盘旋。"开始写文章之前，我总会先小睡一会儿。"学习高手劳拉通常会这样做，"我爬到床上，想着文章的事情一直到睡着为止。有时候我会梦见那些资料，甚至找到一些新的想法呢。"要抓住一切可能的机会，思考到底该怎样写这篇文章。安娜的方法是这样的："不管是做家务，去上学还是在食堂排队，我想的都是文章这件事。"巧妙地利用这些时间的下脚料，理清思绪，建立文章的基本结构。需要时，还要不时回顾一下资料，进一步查找必要的细节，加深理解，直到完全吃透这些资料为止。只有这样，你才有可能展开最合理最有效的论证。

建立提纲

展开详细的论证之前，需要先制订一个提纲，不过你要知道，提纲的制订也是很需要技巧的。有时候学生们容易犯这样两种主要的错误：**第一种错误，太过简单。**如果提纲缺乏必要的细节，就无法引导你进行具体的写作，往往你还得从头一句一句地开始，而且论证过程也可能无法顺畅地开展，整个文章的结构极其松散。"高中时我一口气就能写完一篇文章，从引言开始，然后依次一句一句地写句子，再做一些必要的润色。"哈佛大学的克丽丝汀向我们这样解释，"上了大学，我就喜欢上了先制订一个提纲，然后再开始写作。我发现，这样做以后，我的文章就变得组织严谨，条理清晰。这是因为，有了提纲的指导，我就可以反复考虑和组织各个论题，直到它们彼此之间衔接自然，逻辑有序——再也不用写写停停，停停写写了。"

第二种错误，太过详细。有些同学先制订一个已经非常详细的提纲，然后还不时的在某些地方不断补充这样那样的信息、罗马数字、阿拉伯数字、信件、小标题等等——太过繁琐且极其浪费时间。不要这样做，否则你就会受到极大的限制。哈佛大学的多利斯给我们提出了忠告："一定要避免制订提纲时就遇到麻烦。我见过很多这样的学生，本来他们已经准备得非常充分，完全可以开始具体的文章写作了，但他们还在那里修改自己的提纲，试图把它们弄得尽善尽美。"如果你的提纲已经列出了每一段、每一个句子的具体内容，那你真正的文章还有什么要写的呢？实际上，这些应该是在文章写作的时候才做的事。只有开始具体地写作，你才会明白怎样才能更好地组织自己的论证，这可绝对不是你在提纲里就能做到的。

为了避免这两种极端，最好的方式莫过于以论题为中心建立一个提纲。我们先来看看"论题"到底是什么意思。在这里，"论题"是指所有你即将在文章里具体论证的独立观点。一般来讲，它比论据含义更广泛一些，但又比一个包含多个步骤的论证过程更具体一些。例如，在撰写关于艾格山的这篇文章中，我们就可以先找出这样几个论题：

- 论述艾格山和瑞士文化形态之间的关系的论点。

- 关于艾格山早期的一些书面材料。

- 第一次登顶艾格山的资料。

- 关于人们试图征服艾格峰顶的当代媒体资料。

- 20世纪早期流行文化中有关艾格山的记述。

- 20世纪早期瑞士旅游手册中关于艾格山的记述。

- 麦克米伦论述阿尔卑斯山和欧洲文化形态之间关系的文章。

- 本论点与麦克米伦的论点之间的关系。

- 关于我们的文章的一些拓展性的思考——启发和未竟的研究。

要制订一个清晰的提纲，我们有必要先建立一个论题提要，依次列出在文章中你要讨论的所有问题。可以将此列表直接输入电脑，以后你就可以根据需要在这些论题间插入相应的内容。

论题提要实际上已经很清楚地列出了具体的论证思路和结构，我们可以把上面列出的关于艾格山的若干论点重新排序，然后就可以得到一个如下的论题提要。

- 20世纪早期瑞士旅游手册中关于艾格山的记述。

- 麦克米伦论述阿尔卑斯山和欧洲文化形态之间关系的文章。

- 论述艾格山和瑞士文化形态之间的关系的论点。

- 关于艾格山早期的一些书面材料。

- 第一次登顶艾格山的资料。

- 关于人们试图征服艾格峰顶的当代媒体资料。

- 20世纪早期流行文化中有关艾格山的记述。

- 本论点与麦克米伦的论点之间的关系。

- 关于我们的文章的一些拓展性的思考——启发和未竟的研究。

　　虽然上面列出的论题提要并未列出具体的论据，但却可以很好地指导一篇文章的整体行文。如果条件方便的话，你可以轻而易举地为每个论题找到一两个有力的论据。不过制订论题提要时，你也可能经常遇到这种情况，那就是，突然间又发现文章里还需要一个额外的论题，但手头却没有关于该论题的任何资料，不要紧。上一节我们就说过，组织论证时，查漏补缺在所难免。文章提要完成之后，你还需要根据上一步的建议继续为那些缺乏材料的论题查找新的资料。不过，如果你已经严格地执行了上一步中提到的判定资料是否充足的各个步骤，就无须在这里花费太多的时间。

为论题提要填充细节

论题提要制订完毕，论题所需的资料全部就绪，下一步就是插入具体的论据了。这一步至关重要。克丽丝汀的个人经验是这样的："我会在论题提要的每一个黑体字标题下面，用普通字体插入和此标题有关的论据。"你可以直接把从材料中引用的部分输入文档，然后再为每一处引用标明出处及其页码。例如，在上面列表列出的"第一次登顶艾格山"这个论题下，你就可以插入从关于这座山的若干本不同的书以及几篇当代文章的节选中引用的相关内容。这些文章的节选内容也适用于"关于人们试图征服艾格峰顶的当代媒体资料"这个论题。两个论题之间使用内容相近的信息是完全可以的，只要你安排得当，并确保他们都能起到很好的论证作用。此时只要材料有一定的相关性，就可以放心大胆地引用。写完之后你可能会发现提纲太长，到处都是引用的内容，甚至比定稿的文章的规定长度还要长很多。幸好，先前收集到的资料都已经做过了适当的处理，因而可以节省很多时间和精力。这是因为，资料几乎都是复印件，而且已经做过注释，所以你可以很方便地找到最合适的论据将其插入提纲，而无须再从头浏览每一本书或者每一篇文章。更何况，制订提纲的好处要远远比当初制订它所花费的时间和经历多的多。来自布朗大学的学习高手罗伯特解释道："写作时，只要使用这个方法，我就无须再去翻阅厚厚的资料来查找所需的信息了。"

第六步

向高手请教

布朗大学的学习高手苏珊娜告诉我们："我总是会及时和朋友交换意见，因而动笔之前，我通常都胸有成竹。"她的话证实了这一点：接受的信息越多，文章写作就越顺畅。一般来讲，别人都很愿意给你一些建议，所以，不妨把你的提纲也拿给那些你信任的人看看。这个策略就叫"向智囊团求教"。这个技巧可是很管用的，付出少，收益大。你的文章会因此而变得更加缜密，更加合理，也更有说服力。

组建你的智囊团

智囊团的规模，取决于文章的重要程度，如果这篇文章只有一页，而且只占成绩的百分之五，那你就是智囊团唯一的成员了。如果是一篇中等程度的分析评论性文章，去找两个人加入你的团队吧。如果写的是期末文章，它在总成绩中占相当大的比例，你可能就需要六七个精挑细选的人帮你出谋划策了。

那么，应该找谁呢？首选人物莫过于你的教师了。一定要把你的提纲拿给他看看，除了他特别声明文章草稿都不予过目，不予讨论以外。向教师阐述一下你的基本论证思路，以及资料的类型和出处。大多数情况下，教师都会给你一些针对性的建议，告诉你怎样更好地展开论证。比如，调整顺序，或者添加一个论题。大卫是这样评价和教师之间类似的会面的："这样会增进你和教师之间亲密的关系，也有助于你进一步了解他们想要什么样的文章。"

如果你已经按照第三步的提示（征求不同观点）和教师交流了意见，也不要担心，为了一篇文章的创作，和教师会两次面也没什么大不了的。第一次会面时间很短，和教师的谈话不过是确保你的方向的正确性；第二次会面就较为具体了，一定要提前准备充分。不过，有的学生写文章的时候，甚至一周就要和教师碰一两次头，这就有点儿过火了。如果你能严格地按照本书提供的方法来完成每一个步骤，这样做是毫无必要的。不过即使真这样做了，你也不要感到不安，两次拜访也不会花去教师太多时间。

除了教师，还可以和朋友们谈谈，这是大卫的建议。同班同学就是你最好的合作伙伴，因为他们可能比你更好地了解文章的要求。如果没有要好的同班同学，那就去找一个和你兴趣差不多的朋友。例如，如果写的是历史文章，和学文科的同学谈一谈就要比和学理科的同学谈更有价值，因为文科同学更熟悉这类文章的写作。

和每一位选好的朋友一起呆上半个小时，告诉他们你的论点、提纲以及主要的论证过程。他们会帮你挑出来那些不清楚或不必要的部分。宾夕法尼亚大学的学习高手詹森认为这样做大有好处："如果你能够向他们非常清楚地、一步一步地讲明你的论点、论据和论证过程，而且手头上也找到了所有需要引用的资料，那么你就完全准备就绪了。"

最后值得注意的一点是，开始这一步之前，一定要确定你是否可以和同学进行交流。研究性文章写作时是可以的，但分析评论性文章的要求可能恰恰相反：教师也许会特意禁止学生们彼此之间进行交流呢。

第七步

让你脱颖而出的写作技巧

如果你一直都能遵循我们的学习高手培养体系，一丝不苟地进行准备，下一步就可以正式的写作了。这一步简单明了，根本不像想象中的那么神秘莫测。写什么和怎么写都已经成竹在胸，现在的任务就是用条理分明的结构、清晰易懂的语言将你的论证过程付诸文字。"提纲列出来，我的大脑就很放松了。"学习高手杰里米这样形容他的感受，"再也不用考虑文章的结构了，此时我需要做的就是如何更好地将构思好的东西表达出来。"

不过，这本书可不会教你按照某个模式，机械地进行写作。相反，你需要开发和形成自己独特的技巧。一般来讲，课下练得越多越好，只有多练，你才能摸索到自己的方法。或者，你可以在书桌上放上一本文章写作格式手册或者其他写作指导用书，不时地翻阅一下，学上几招，自然对你的写作，包括遣词造句、润色等等都有极大的好处。

"文无定法"，所以这里要讲的内容相对也就少一些。下笔成文固然很难，但只要你前面的准备工作非常充分，写起来也不会像大多数学生经历的那样苦不堪言。这里只有三条言简意赅的建议供你参考，指导你如何进一步将自己的方法与我们的学习高手培养体系相结合，最终写出说理透彻、结构严谨的优秀文章来。

分离写作之前和之后的工作

开始写作时，来自达特茅斯大学的格里塔会先制订一个详细的计划，比如，五天内每天写两页，最后一天用来修改。他的校友，瑞恩，也采用类似的方法：先花一周的时间来查找资料，然后再用两天的时间进行实际的写作。其实，他们俩遵循的是一样的规则：把查资料、写作、修改这三部分的工作清楚地分离开来。

自然，写一篇较短的分析评论性文章就无须如此了，但是对于一篇较长的研究性文章而言，这是相当必要的。只有头脑清晰才能保证工作质量。试想一下，在图书馆呆了一上午，头晕眼花，大脑混沌，你还能写出条理清晰的文章吗？同理，已经写了大半天，你也不可能再有精力对原文进行合理的修改。"把各部分的工作分离开来，你才能更好地集中注意力做好每一个部分。"这也是杰里米的经验之谈。

找个安静的地方

精确的写作需要高度集中的注意力。嘈杂的环境容易使人分心，效率自然也会大打折扣。所以，带上你的笔记本，找个僻静的一角，比如图书馆里某个访客较少的地方，再开始你的写作吧。只有在完全安静没有外部干扰的环境中，你才能高速有效地工作。在第一部分中我们就强调过，一定要避免图书馆或公共电子阅览室中那些人多嘈杂的自习区。正如布朗大学的瑞利所言，在这些地方写作，"你可能过一会儿就会碰上某个熟人，自然也就避免不了一番寒暄"。必要的时候，就呆在宿舍里让他们专门给你腾腾地方也未尝不可。你还可以合理计划，利用一天中思维最活跃的时间写作。对有些人而言，这段时间可能是早饭后喝第一杯咖啡的时间；对其他人而言，则可能是吃完晚饭后的一段时间或者是午饭后下午的一段时间。**关键的一点是要认识到，学习生活期间难度最大的智力活动莫过于写作**（就学习要求而言）。比起读书、解答问题集、学习等等这些学习任务来，写作无疑需要更多的精力和更集中的注意力。

按照提纲写作，有条不紊地进行

克瑞斯就如何写作给我们提了一个简单的建议："以提纲为向导，填充适当的内容，一次写一段。"你也不妨采取这种方法，按照提纲写作，具体阐述和论证每一个论题，思路清晰，令人信服。需要引用的时候，直接将相关内容复制粘贴到文章中。将注意力集中到当前的论题上，无须考虑结构以及手头的资料。

一定要确保当前的论题已经交代的相当清楚、流畅，然后再开始下一个。很多学生完成初稿时相当快，但却非常潦草，不得不投入大量的时间一次又一次地进行修改。但是，你是按照提纲进行写作的，所以第一次就可以写得很清楚。急于求成没有什么好处，只会导致不断地修改，甚至是重写。

现在，初稿一气呵成，那就歇口气，出去放松一下吧。

第八步

修改，但不要过度

　　下一个非常重要且相当必要的任务就是修改文章。含有拼写和语法错误的文章当然不能令教师满意，你的分数也会因此而受到影响。论证再精彩的文章也会因这些小的错误而影响整体质量。因此，最后一步就是通读全文，做出必要且合理的修改，让你的文章真正的完美无缺。

　　不过，切忌修改过度。很多学生太过"怜惜"自己的大作，一读再读，一改再改，不胜其烦，撰写研究性文章时尤其如此。他们辛辛苦苦地完成了写作，该到展示成果的时候，反倒是像呵护自己的宝贝一样，不愿意示人了！这有点类似于心理学上的斯德哥尔摩综合征——工作本该顺利地结束，却出现了完全意外的障碍。"文章即使修改千遍万遍，我也不会满意。"布朗大学的弗兰克的体会反映了大多数学生的心态，"所以该定稿打印的时候，千万不要再犹豫。"

在这一步你会学到一些适用于任何文章的简单原则，按照这些原则来做，你完全可以避免那些恼人的拼写和语法错误，从无休止的修改工作中把自己解救出来。这些原则都是从和学习高手们的对话中整理出来的，一共三步，不多不少，我们称之为"过三关"。要是你已经养成了反复修改的习惯，是不是觉得这未免太过简单了些？你要是早就习惯了点击Word文档的"检查和拼写"，那你可能又觉得这实在太繁琐。无论是哪种情况，都请放心吧，这些原则便捷有效，很快你就会知道，应该怎样集中注意力来完成每一个步骤。

第1关：优化论证结构

在电脑上完成这一步即可。仔细阅读，特别注意你的论证过程是否清晰有力——现在还不是检查语法错误的时候。一次只需阅读一段，如果其中的某一个部分条理混乱，赶紧理清；如果有些观点重复，毫不客气地删去一个；如果细节不足，补上一两个句子让它更翔实；如果论题或段落之间缺乏过渡和连接，添加一个。

别忘了注意全文的布局和结构。很多时候，你往往要到完成初稿才会发现论题提要还存在一些问题。那么再浏览一下文章的各个主要部分，根据需要对结构做出合理的调整。只有心态放松，不慌不忙，你才能做好这一步工作。如果文章较长，这一步可能还需要花上几天的时间。

做完这些，文章里可能还有一些这样或那样的小错误。没关系，下一步我们就来对付它们。**我们的目标就是不断的优化行文结构，以最理想的方式表达所有必要的内容。**

第2关：高声朗读

优化论证结构是很重要的一步，但这还远远不够。布朗大学的罗伯特说，"电脑屏幕显示的文章和纸质文档永远都是有差别的。"米莲妮，一名学习高手对此深有同感："一定要打印一份文章出来，再进行阅读和必要的修改。"

所以，这一步首要的工作是将文章打印出来，带上一支铅笔，然后再找一个安静的地方。开始高声朗读你的文章。读出来，像进行演讲那样的大声，清晰地读出每一个单词，千万别敷衍了事。如果文章较长，那就把它分成几个部分。当然，也别忘了备上一杯茶或一瓶水，时间长了，你难免口干舌燥。不论你具体打算怎么做，都要记住四个字：高声朗读!

朗读的目的是为了彻底消灭文章里的那些小错误。没有人喜欢阅读小错误不断的文章，就算你的整体结构和布局没有任何的问题。一旦遇到任何语法或句法错误，就用铅笔把它们标出来，然后再重读上一段。全部文档都标注完毕以后，打开电脑，把所有标注过的地方都在电子文档中做相应的修改。一点儿提示：这一步往往会花去比预想更多的时间，所以一定要预留出充分的时间。

这样做的道理其实很简单。瑞恩这样解释："高声朗读要比默读更有助于找出拼写错误或不恰当的用词。"不管你检查多少次初稿，如果一直都默读的话，每次你都肯定会漏掉一些不恰当的地方——阅读时，你的潜意识会自动修正这些错误。但是，你高声朗读的时候，你的耳朵就会听到这些小错误，从而引起你的警觉。"有的内容读起来是没有问题的，可是当你仔细聆听的时候，你就会发现某些比较不自然或者很啰嗦的表达。"里恩的校友杰里米也这样说。因此，通过大声地朗读，你可以一次性地找出文章中大部分错误，而且，这样做要比安静地检查节约很多的时间。

第3关：最后的检查

过了前两关，文章就要大功告成了。这时候，完整的文章你才不过是读了两遍。为了确保万无一失，交给教师之前，最好再从头到尾地浏览一遍。当然，现在你就不必大声朗读了，快速浏览即可。不过，此时，你必须浏览打印出来的文稿，而不是电子文本，因为阅读纸质文档更有助于识别错误。另外，**最好把这一步和前两步分开来做，要是能在交稿那天清晨完成这个工作就再好不过了**。过了这一关，文章里几乎就没有错误了。

这一关的目的有两个。首先，查找其他的错误。"上交文章之前，我总会再翻阅一遍文章。"詹姆斯这样说，"我尽可能在最后一次阅读和修改中，清除所有的错误。"其次，通过这一次阅读，你可以给自己的文章画上一个完美的句号。水到渠成，这一步自然会进行的非常顺利。此刻，你心情舒畅，尽可安心享受自己这来之不易的劳动成果，或许，这也是你最后一次阅读自己心爱的文章了。好了，是交上文章的时候了，此刻，你完全可以满怀信心地告诉自己，"我自信，我的文章完美无缺，无懈可击！"

付诸行动的成功案例

现在让我们来看看两个具体的个案。在这两个个案分析中，我们将学会如何将这些学习高手们提供的方法付诸实践。第一个个案分析的是研究性文章的写作，第二个个案分析的是分析评论性文章的写作。请特别注意下列两个个案分析中的主人公是怎样做的以及怎样利用这些方法来减少写作所需要的时间的——这一步往往是大多数学生比较发怵的。

个案分析一

明迪的艺术史研究文章

明迪选修的美国早期艺术没有期末考试，这也正是她当初选择这门课的原因。可是，学期临近尾声的时候，她才意识到自己高兴的太早了：无须参加期末考试的代价是一篇研究性文章——长度要求30～50页，占总成绩的50%。教师没有指定具体的范围，只要和现代主义时期以前的任何一位美国艺术家有关就行。教师有言在先：每位同学都要认真思考，独立完成文章。此外他还提醒大家一定要提早动手，一旦发现谁赶在最后才草率下笔，必罚无疑。

星期一距提交文章还有一个月

离交文章还有一个月的时间，明迪决定着手做些准备了。此时，她还不打算查找资料或开始写作——这些还为时尚早。现在需要做的仅是相对省事的一步：选择论题，确定论点，然后再和教师交流一下自己的想法。

周一晚上，明迪花了一个小时的时间，翻阅了以前的课堂笔记，看看有没有什么感兴趣的发现。幸运的很，很快她就有了头绪。学期刚开始，在一次关于旅居艺术家华盛顿·奥尔斯顿的课上，教师提到奥尔斯顿的作品和德国艺术家大卫·凯斯伯·佛德列希作品有一些相似之处。据老师所知，这两位艺术家彼此从未谋面，那么这种相似性就很有意思了。明迪当时就把这些记了下来，还在旁边简单的写了一点感言。或许这种貌似神秘的相似性还真是一个不错的论题呢！当然，要证实这一点，还需要大量的研究。无论怎样，这是个不错的开始。

星期三距提交文章还有三周零五天

为了能找到一个和论题有关的论点，明迪专门在图书馆呆了两三个小时。她很快就从目录中找到了几本关于奥尔斯顿职业生涯的专著。她从书架上找到了其中的两本，然后就在附近的一张阅览桌旁坐了下来。第一个小时内，明迪翻阅了其中的一本，对奥尔斯顿的生活背景和职业生涯有了一个全面的了解。但是，她很快就意识到，照这样下去，读完全书可是要花不少时间的。怎么办？翻到目录。马上，明迪就欣喜地发现了一个关于大卫·凯斯伯·佛德列希的条目。找到这一页，她看到有一位作家（可惜不认识他的名字）用一句话概况了上述两位艺术家之间的联系。从这句话的注释中，明迪又发现了一本有关哲学和早期浪漫主义艺术家的书。虽然这本书还不太出名，但明迪还是根据它的索书号在书架上找到了它。竟然还真有关于奥尔斯顿和佛德列希的一章！明迪喜出望外，虽然，现在还远远不是比较他们的画作来寻找相似性的时候。

复印了这一章，并且标上了日后引用时所需的全部信息，明迪心满意足地离开了图书馆。

星期五距提交文章还有三周零三天

艺术史教师在星期五下午接待学生，这无疑是一个好机会，明迪可以利用这个时间前去和他交流一下自己的想法。可惜的是，她的想法还不是很成熟，到现在为止，她也不过找到了一个比较有意思的论题罢了。于是，星期五上午，为了让自己准备地更充分，明迪又花了一个小时把上周复印的资料认真地读了一遍。

终于，读完之后，她对作者的观点有了一个更深入的理解。

在这份资料中，作者先对两位作家的各自一幅作品进行赏析，随后又言简意赅的指出这两幅作品所蕴涵的哲学道理。这就为明迪进一步的研究提供了广阔的空间。此时，她还不知道自己究竟该怎样进行具体的扩充，但毫无疑问，只需在这个论点的基础上，再补充一些合理的内容，就极有可能造就一篇论证严密、内涵丰富的研究性文章。

课间休息时，明迪抓紧时间继续冥思苦想，希望能找到一个大方向来确定论点。终于，等到上课铃再次敲响时，有了！资料讲到了奥尔斯顿和佛德列希哲学观相同，却没有解释是什么导致了这种共性。只要能找到一些关于两位艺术家哲学观的资料，理想的论点就有指望了！

那天下午，按照预定的时间，明迪来到教师的办公室，把自己的想法告诉了他。注意，不过是"想法"而已，因为她还不太确定这个"想法"最终能不能形成一个确定的论点。或许，她根本找不到任何有助于阐述两位艺术家之间共同的哲学理念的资料，那这个"伟大"的想法就只好告吹了。这种例子又不在少数，因而还是谨慎为好。不过，教师知识渊博，阅历广泛，一定能够判断一个论题有没有研究的必要，能不能从中提炼一个有价值的论点。明迪就是期望能得到教师的指点，尽量少走不必要的弯路。所幸的是，教师非常赞赏明迪的想法，并鼓励她进一步查找资料来证明两位艺术家的确有着共同的哲学倾向。而且，他还提供了一些其他极有价值的关于奥尔斯顿和佛德列希的专著。

星期日距提交文章还有三周零一天

带着教师列出的书目，明迪又奔向了图书馆。这次她特意带了自己的ipod，听听音乐，查找资料的过程就不会那么枯燥无味。很快，她找到了其中的两本，一本是关于奥尔斯顿的，另一本正好是关于佛德列希的。随后她把相关的章节都复印了下来。好在这并不费脑子，虽然前后花了一个小时的时间，明迪还是感到有很大的收获。

当天晚上，在最喜欢的一个僻静的地方，她开始整理这些新材料：先浏览，后注释。还不是很确定自己到底需要什么，但不管怎样，资料收集得越多，就越有胜算，对此她深信不疑。

没过多久，明迪有了一个新发现：有一个名字，萨缪尔·泰勒·科勒律治，反复在关于奥尔斯顿的资料中出现。这是一位年轻的欧洲作家兼思想家，看起来他对奥尔斯顿的影响很大。

明迪希望在有关佛德列希的资料中也能看到科勒律治这个名字，但一无所获。她没有放弃，因为她接下来又发现了一个事实：当时，佛德列希经常和欧洲的一些哲学家们来往，那么，这些哲学家中，就很有可能有一个人与科勒律治认识。

明迪的求知欲被充分地调动了起来，马上开始上网搜索。教师曾在课上给过他们一个期刊数据库的网址，从该网站中可以搜索到与艺术史相关的期刊类文章。打开网页，输入搜索条件：佛德列希与科勒律治。果然，一番努力之后，明迪如愿以偿：有一篇文章记述了佛德列希与他在德国的艺术家同事之间的来往。文章的摘要提到，这些艺术家的创作都极大地受到了科勒律治的启发。

真是喜出望外！明迪打印了这篇文章，并在首页上记下了所有作引用时所需的信息。

从星期一到星期日距提交文章还有三周的时间

明迪乘兴给教师发了一个电子邮件，告诉他自己刚刚确定的"科勒律治是联系奥尔斯顿和大卫·凯斯伯·佛德列希的桥梁"的新论点。教师对此大加赞赏，详细地告诉她下一步该查什么样的资料，好让这篇文章更有说服力。

终于有了一些眉目！论点和该查找的资料都心中有数，接下来，明迪给自己制订了一个大概的计划：下周继续查找资料；下下周做出文章提纲，起草文章，请人提提意见；最后一周完成文章，正式定稿。不必天天花时间，每天也只消辛苦上几个小时，所以明迪完全可以自如应对，绝不会和她已经很忙碌的生活产生任何冲突。

资料查找工作进行的有条不紊。每次，她都会在图书馆呆上一两个小时，查到两三份资料，随后复印自己所需的部分，标注引用信息，再做出相关注释。周六三次，周日一次，资料逐日见长。不过，她还没有想过到底怎样组织和利用这些资料，这是下一步的任务。

从星期一到星期日距提交文章还有两周的时间

论点明确，资料就绪，现在是动脑筋的时候了：如何才能把这二者有机地组织到一起，完成自己的大作。

答案是：没有什么可照搬的固定格式，严肃认真的思考是唯一的办法。明迪也是这么做的。一周以来，只要有时间，她就在校园里散步，脑子里考虑的都是文章的事。她向想象中的听众阐述自己的思路；不断地重读资料，更新大脑中储存的信息，并以此来刺激自己思维的敏捷性。有几次，她还拦住了可怜的舍友们，"逼着"她们听听自己最新的思路。这些招数还真管用，周五的时候，她终于找到了清楚的思路：首先，交代奥尔斯顿和佛德列希的作品之间的哲学联系；然后阐明他们这种共同的哲学理念和科勒律治的哲学观点也有一致性；最后再论述科勒律治也分别和这两位大艺术家有极深刻的联系。

下午，按照上面的三大块布局，明迪把手头的资料分成了三叠。到周五时，又去拜访了教师。这次，她向教师具体阐述了自己的论证步骤，并出示了一些可以充当论据的资料。教师依然很喜欢她的计划，并且又给了她一些有用的建议。

接下来，明迪把整个周末的时间都花在了文章提纲的制订上。

因为需要把资料中的很多内容引用到提纲中，所以这一步很费时间。但是，上周她没有花太多的时间，不过是在有空的时候才简单地构思一下论证过程，因而，这周多花点儿时间也并不为过。

星期日下午，经过深思熟虑，明迪终于完成了提纲的制订。在这个提纲中，到处都是从资料中引用的内容。虽然已经和教师交流过意见，但是写作之前，她还想听听别人的意见。当天下午，她就去见了几个同学，请他们谈谈对自己文章的看法。

令她倍感意外的是,这两位同学竟然才刚刚开始查找资料。当然,这并不妨碍他们给明迪提供好的意见和建议。根据他们的意见,明迪进一步充实了自己的提纲,对完成自己的文章有了百分之百的信心。

从星期一到星期日距提交文章还有一周的时间

明迪的计划:周一到周五每天都写一点儿,周末的时间用来修改。毫无疑问,写作是非常费时的,所以,这周过的可不轻松。实际上,周五的时候,她还剩一点点才能完成初稿呢(如果有一个较为详细的论题提纲,而无须中途去查找资料,写作自然就会进行得比较顺利)。

要想及时完成和修改文章,这个周末估计也得非常忙碌。所以,周六一整天,她都非常紧张。这天她起的很早,然后就把自己关到了校园里安静的医学图书馆里。当然还不忘带上一些小吃,一大杯热咖啡。随后就开始全神贯注地写作。每隔50分钟休息一次,直到完成初稿为止。这篇文章长达50页,组织严密,结构严谨。

明迪放松地享用了晚餐,然后就在电脑上开始调整一些论证过程。她有点儿担心如果太晚了才开始校稿,时间恐怕来不及。已经忙碌了一整天,所以她只修改了其中的1/3,就结束了一天的工作。今天稍微做一点儿修改,明天的任务就相对轻松了。收拾完毕,剩下的时间就是和朋友们出去好好地放松一下了。

第二天早晨,明迪接着工作,到了午餐时间,论证过程的优化任务完成,接下来的任务就很轻松了。午饭之后,为了恢复精力，她还到健身房锻炼了片刻，随后又和一位朋友聊了一会儿。下午她把文档都打印出来，开始在宿舍里大声地朗读。晚饭时间除外，完成这一步后，已经是晚上9点了。不过明迪还是没有偷懒，她在电脑上把所有找出来的错误改了过来，看看表，10点半，该休息了。

星期一交文章的日子

星期一早晨，趁着头脑清醒，明迪花了一个半小时，最后一次通读了自己的文章。她不仅又找出了几个小错误，而且更重要的是，现在她进一步增强了自己的自信心。整篇文章布局合理，论证严密，行文流畅，想到教师很快就要阅读自己的大作，她感到非常兴奋。

上课了，明迪面带微笑地交上了自己的文章。看到那么多同学黑着眼圈走进教室，她不禁暗自庆幸。他们当中有相当一部分人，在一周内连轴转，像跑马拉松一样查找资料，完成写作。跟这些仓促而就的文章相比，明迪的文章无疑将独树一帜，独占鳌头。

结果

没有任何悬念，明迪的文章得了优秀，而且教师还洋洋洒洒地给了她很多赞美的评语。

值得注意的一点是，明迪花的时间一点也不比其他同学多。相反，因为早就成竹在胸，她花在写作上的时间还比其他同学少很多呢。而且，她也一直没感觉到任何压力。除了最后一个周日晚上加了一小会儿班，还有在这个周末整整写了两天外，其他的日子她都不过是花了一两个小时而已。完成这么一篇如此优秀的文章也丝毫没有影响她平时的作息安排。这就是我们学习高手培养体系的高明之处，它帮助你提高成绩，同时还节约了大把的时间。

个案分析二

克里斯有关电影研究的一篇分析评论性文章

在上一个个案分析中，我们已经看到了如何撰写一篇篇幅长、难度大、耗时费力的研究性文章。现在我们再来看一下如何撰写篇幅较短、难度也较低的分析评论性文章。克里斯选修了电影研究这门课程，每周都要完成一篇影评。学生们每周都看一部电影，然后阅读一些介绍这部电影优点的文章。他们的作业就是就这部电影写一篇影评，表达自己的观点，并且阐述自己的观点和本周课堂上阅读过的那些观点有何异同。每周一是固定的上交作业的时间。

星期一距提交作业还有一周的时间

因为每周都要交一篇影评，克里斯已经在频繁的实践中摸索出了一个模式，确保自己能按时完成作业，还不至于影响其他的日程安排。周一，从教师指定的阅读材料中挑选出一两篇文章；周二到周四，仔细阅读这些文章；周六，制订文章提纲；周日，撰写并修改文章。

　　按照计划，克里斯在周一大概浏览了一下所有的阅读材料。这样的材料大约有三四篇，但一般情况下两篇文章就足够引用了。他一直都喜欢早早选定自己的阅读内容，因为这样更有助于找到重点。这一次，他挑选了两篇观点截然相反的文章：一篇赞扬，一篇贬损。反差如此强烈的观点一定会大大启发他的思路，帮助他完成一篇优秀的文章。

星期二距提交作业还有六天的时间

　　第一篇阅读材料选自一本书的某一章。按照第二部分"问题-论据-结论"的格式，克里斯认真地在电脑里做了笔记。材料有些难，到晚饭时间他还没读完，只好晚饭后又跑到图书馆，直到读完为止。

星期三距提交作业还有五天的时间

　　今天要搞定第二篇材料。上午精力旺盛，克里斯花了两个小时的时间来完成任务。进展顺利，读完了还剩下不少时间呢。

星期四、星期五距提交作业还有四天、三天的时间

　　这两天克里斯还不需要考虑文章的写作。周四他还有很多其他的学习任务要完成，周五呢，按照惯例，这是和朋友们相聚，放松一下的日子。

星期六距提交作业还有两天

　　周六下午，克里斯像往常一样把读书笔记打印了出来，在宿舍里读了一遍，然后动身前往图书馆。一路上他都在反复思考文章的结构。相比而言，他更喜欢赞扬影片的那篇文章。这篇文章主要就该片的技术层面做了一些分析，例如光线的明暗对比、快速的剪辑切换等等，这些元素使得这部影片给人以完全不同的体验和感受。克里斯也深有同感，同时他也很喜欢该片的对白。由于糅合了老式风格、电影式语言以及街头俚语等多种风格，对白听起来相当有趣。看来，在阅读文章的基础上，再把这一点扩充一下，这篇文章就基本有眉目了。

图书馆的自习室里有一个相当安静的角落，这是克里斯最喜欢的学习场所。打开电脑，开始起草文章提纲。还是固定的格式，先简要介绍一下自己读过的两篇文章的大致内容。当然，他不打算忽略这些文章中提到的这部影片的不足之处。但总体而言，优点多于缺点，这是他初步的论述思路。随后，从持肯定观点的文章中引用一些必要的内容，然后进一步阐述该片的另一个优势就是古今融合得体的对白。最后，再重申该剧重要的艺术价值。

好了，下面就是他的提纲：

- 观点相反的两篇阅读材料概要
- 对持否定观点的材料的肯定和放弃
- 对持肯定观点的材料的进一步引用
- 自己关于对白具有现代感的阐述
- 结论

下一步是从两篇材料中把相关内容添加到提纲中。因为只有两篇材料，而且克里斯已经进行了详细的阅读，所以这一步花去了很少的时间。

最后，虽然还有很多别的事要做，克里斯还是把引言部分的草稿写了出来。就算是只完成了一段，明天的任务也总会少一点。

星期日距提交文章还有一天的时间

睡了个懒觉，克里斯神清气爽，昨晚聚会后的疲惫也一扫而光。下午的时间一直都是留给写作的，所以克里斯又来到了图书馆，准备下午就完成初稿。果然，进展相当顺利，仅用了两个多小时他就写完了初稿。因此，晚餐时，克里斯的心情相当不错。

晚上，他检查了文章的论证过程，然后又打印了一份，开始大声地朗读。总共才只有几页，所以完成这两步也没花多少时间。看了会儿电视，他又从头检查了一遍，15分钟之后，好，没有问题！再打印一份，放进书包，终于收工了！

结果

同以往一样，虽然比同学们用去的时间少得多，克里斯的这篇文章还是会得"优秀"。为什么呢？因为他严格地把阅读和思考、思考和写作彼此分离开来。因而，他的文章结构严谨，说理清晰，令人信服。星期三读完资料之后，他就一直在考虑如何利用这些资料；星期六开始考虑撰写提纲时，他已经充分地消化了这些材料；提纲写出来后，他又开始思考如何组织论证；到周日坐到电脑前真正开始写作的时候，一切都已是水到渠成，得个"优秀"自然也在情理之中。

结 语

CONCLUSION

学习是一种最能带来成就感和满足感的人生体验

令我羡慕和敬重的所有人都保持着非常平衡的生活状态：努力地学习，开心地聚会，积极参加各种集体活动，而且总是睡眠充足，精力旺盛。我认为，这才是我们应有的生活方式。

——克瑞斯

虽然你可能并不认同本书的每一条建议，但这并不重要，重要的是，通过本书的学习，你已经获得了这样的两点认识：首先，一味蛮干并不是学习的好方法；其次，学习的道路上还是有法可循的，适当的技巧能够帮助你有效地节约时间，提高效率。只要记住这些，你一定会超越其他的同学，成效显著，而且丝毫不必牺牲自己的健康、快乐或社交活动。

在此，我只有一个要求，那就是：在你将这些建议一条条地付诸实践并不断从中受益时，不要忘了自己以前是怎样做的，结果又如何。这样，下次看到那些正为作业的最后期限将要到来而眼圈红肿、精神倦怠的同学，你就可以去告诉他，其实完全不必这样。学习不是一次又一次无休止地复习再复习，写文章也并不是一场在电脑前进行的马拉松。不必如此的劳心费神——只要思维开阔，勇于尝试新方法，学习就会成为最能带给你成就感和满足感的一种全新的体验。

我们这一代似乎总是能感觉到来自于外界的巨大压力，也总是觉得梦想是那么容易破灭。那么，学习此书的意义就更加重大。相信我，掌握了书中的技巧，你就比别人拥有更多的选择机会，你就掌握了自己的人生。

刻意练习 如何成为一个高手

ISBN：978-7-5153-4665-6
著　者：（美）道格·莱莫夫、艾丽卡·伍尔韦、
　　　　凯蒂·叶兹
出版时间：2017.5
定　价：39.00

★　美国公认经典练习书
★　一种简单到极易被人忽略，却又无比强大的成功模式！
★　用最科学的精进方式，让自己、员工、孩子、学生、学员把事情做到极致

改变全球 9800 万人的学习与成长轨迹，每 30 秒钟便有一人受益于它
42 个刻意练习方法，专注解决你的进步瓶颈，最大限度发掘你的潜能

　　练习极简单，又极复杂，每个渴望进步的人，无论从事什么行业，无论是领导者还是员工，都希望掌握练习的方法，抓住练习的规律，以把事情做到极致。那些持续奋斗、成长和发展的人之所以成功，正是因为他们一直在不断地刻意练习。

　　全美培训界最引人注目的导师通过大量发生在顶级运动员、专职教师、资深律师和经验丰富的外科医生身上的实例，有理有据地告诉我们生活中最重要的事情是如何在精心策划的刻意练习指引下发生翻天覆地变化的。

　　在本书中，作者立足具体、实际的刻意练习，教会每个人利用那些经过仔细筛选且相对简单的方法，帮助人们成为特定领域的高手。这些刻意练习方法包括：专注练习20%的核心技能；练习最擅长的，放大优势效应；反复练习正确动作，加强大脑记忆；研究成功者，并进行正确复制；将技能分解，进行专项练习；预先知道练习关键点；有效利用反馈，及时改进；对抗惰性，让练习充满乐趣……

　　本书涉及的刻意练习方法一直被个人与管理者不断实践，所有遵循这些方法的人，都成功掌控了自己的工作和生活，并从中获得了无限快乐和幸福，所有遵循这些方法的政府、公司、学校等组织都成功激发了团队的潜力，并获得了所向披靡的力量。

《如何把事情做到最好》

改变全球9800万人的人生指导书

ISBN 9787515321813
作者：（美）乔治·伦纳德
出版时间：2020.1
定价：39.90元

★ 改变全球9800万人的人生指导书

★ 全美第一本系统阐述学习与成功之道的经典著作

★ 长期盘踞全美畅销书榜单

★ 把事情做到最好，首先不强求天赋，其次不介意起步的早晚，你要做的就是"起步走"并"不停地走"

★ 内容简介

　　《如何把事情做到最好》出版于1992年，经久不衰，经过一代又一代的读者口碑相传后，畅销至今。作者以其独特的视角告诉人们，如何通过不断的学习和练习来提升自己，把事情做到最好，最终获得成功和长久的满足感。

　　无论是在职业生涯还是你的人际圈里，无论是待人还是待己，甚至在你的生活的所有领域中，这本激励人心的行之有效的指导书都将在方方面面帮助你把事情做到最好，最终获得你想要的成功。

　　本书包括：

★ 把事情做到最好的5大要素　　★ 为什么要热爱并扎根于平台期

★ 如何深入发掘自身潜能　　★ 如何增加竞争力

★ 迈向成功的有效练习方法

……

★ 作者简介

　　乔治·伦纳德（1923-2010），美国畅销书作家、著名编辑、权威教育家。

　　乔治·伦纳德是教育和发掘人类自身潜能方面的权威专家，并在这两个领域做出了卓越的贡献。他曾任伊莎兰学院名誉院长，人本心理学学会主席。